365
HÁBITOS
PODEROSOS

Simples e

PAULO HOUCH

365 HÁBITOS *Simples e* PODEROSOS

AMOR, ESPIRITUALIDADE, FAMÍLIA,
SAÚDE, MINDSET, NEGÓCIOS, AMIZADE

Pílulas de sabedoria para viver mais e melhor
em todos os aspectos do nosso cotidiano

Camelot
EDITORA

CONHEÇA NOSSO LIVROS
ACESSANDO AQUI!

Copyright desta edição © IBC - Instituto Brasileiro De Cultura, 2023

Reservados todos os direitos desta produção, pela lei 9.610 de 19.2.1998.

6ª Impressão 2025

Presidente: Paulo Roberto Houch
MTB 0083982/SP

Coordenação Editorial: Priscilla Sipans
Coordenação de Arte: Rubens Martim
Preparação de Texto e Revisão: Aline Ribeiro
Apoio de Revisão: Lilian Rozati

Vendas: Tel.: (11) 3393-7727 (comercial2@editoraonline.com.br)

Foi feito o depósito legal.
Impresso no Brasil.

Dados Internacionais de Catalogação na Publicação (CIP) de acordo com ISBD	
H1835t	Houch, Paulo
	365 Hábitos Simples e Poderosos / Paulo Houch. – Barueri : Camelot Editora, 2024. 208 p. ; 15,1cm x 23cm.
	ISBN: 978-65-6095-070-2
	1. Autoajuda. I. Título.
2024-85	CDD 158.1 CDU 159.947
Elaborado por Vagner Rodolfo da Silva - CRB-8/9410	

IBC — Instituto Brasileiro de Cultura LTDA
CNPJ 04.207.648/0001-94
Avenida Juruá, 762 — Alphaville Industrial
CEP. 06455-010 — Barueri/SP
www.editoraonline.com.br

SUMÁRIO

NOTA PRÉVIA 7

INTRODUÇÃO 9

MENTE ABERTA 15

FINANÇAS 36

FELICIDADE 52

NEGÓCIOS 62

EMOCIONAL 83

ESPIRITUALIDADE 96

FAMÍLIA 107

DESENVOLVIMENTO INTELECTUAL 123

AMOR 134

AMIZADE 150

SAÚDE 162

ALIMENTAÇÃO 188

NOTA PRÉVIA

Uma das várias facetas deste livro é que ele pode ser lido "de fio a pavio" em uma agradável leitura num domingo pela manhã ou em "pequenas colheradas", escolhendo alguns poucos tópicos diariamente, antes de dormir. Até por isso, há referências que acabam aparecendo diversas vezes em alguns momentos.

Além disso, ao final de cada capítulo há um espaço para você, leitor, marcar os hábitos que já possui e os que tem interesse em se apropriar neste momento da sua vida, e assim seguir buscando ser melhor hoje do que foi ontem.

Ótima leitura!

INTRODUÇÃO

Antes de mais nada, seja bem-vindo! Este livro nasceu da reflexão sobre as atitudes das pessoas que buscam um caminho para uma boa vida.

Sabe aqueles votos que recebemos dos amigos na virada para um Ano-Novo, como saúde, prosperidade, felicidade, amor etc.? Pois bem, este é o objetivo deste nosso livro, pois pessoas prósperas, saudáveis e felizes invariavelmente adotaram alguns bons hábitos para alcançar sua felicidade.

Também é muito importante lembrar que tanto o nosso corpo quanto a nossa mente são ferramentas que temos para alcançar os nossos objetivos nessa vida e, para isso, precisamos treiná-los para esse trabalho, tornando-os resistentes e aliados aos nossos interesses.

Mente e corpo mal treinados vão sabotar a nós mesmos, afinal nossa mente pode colocar em dúvida a nossa capacidade e autoconfiança, já o corpo mal treinado ficará lento, inoperante e mais suscetível a doenças.

Além disso, construir um novo hábito exige foco e muita disciplina. As tentações estão por todos os lados, inclusive nosso cérebro faz de tudo para não ultrapassarmos os nossos limites. Mas é possível ir além. Conheça os pilares que facilitam o caminhar para a sua evolução.

Incluir hábitos positivos e descartar os inúteis também é a chave para avançar em direção a um objetivo. Ao pé da letra, os hábitos são considerados "inclinações" por alguma ação. Trata-se da disposição de agir constantemente de certo modo, adquirida pela frequente repetição.

Nosso cérebro sempre busca reduzir esforços. No entanto, quando o cérebro acredita que determinada rotina funcionou e trará benefícios, ele passa a armazenar as novas informações. Além disso, o nosso cérebro funciona como uma máquina, muitas vezes tentando operar no "piloto automático". Por isso, muitas vezes, não é capaz de distinguir um hábito ruim e outro bom.

Com esses conceitos, entendemos porque é mais fácil sentar comendo guloseimas em frente à TV do que praticar uma atividade física. Quando adotamos um hábito ruim, a recompensa é imediata – mas você pagará um preço alto por ela anos depois. Já com o hábito bom, você paga o preço agora, fazendo um esforço gigantesco e ultrapassando diversos limites. Contudo, uma grande recompensa virá posteriormente.

E os bons hábitos podem ser aplicados em qualquer aspecto de sua vida: na saúde, no mundo dos negócios, na espiritualidade e até no poder de decisão em ser feliz.

AS ESCOLHAS SÃO SUAS

Não adianta tentar mudar um hábito ruim se nem você acredita em si mesmo. É fato: o cérebro precisa de recompensa. Então, ele deve acreditar que determinada mudança desencadeará algo positivo em sua vida (mesmo que em logo prazo).

O que faz um novo hábito não dar certo? A falta de disciplina, a distração, a procrastinação, a vontade de ceder a prazeres momentâneos... Sim, são muitos os desafios que surgem no meio do caminho. Contudo, será a força de vontade que construirá um hábito bom.

Por isso mesmo, é mais fácil mudar em grupo. Comunidades criam fé e fortalecem a capacidade de acreditar em si mesmo. Não é à toa que grupos como *Vigilantes do Peso* e *Alcoólicos Anônimos* estão ativos há tantos anos. Quando vemos em outras pessoas que mudanças podem ser reais, conseguimos mais forças e ânimo para seguir em frente também.

"Excelência não é um ato, mas sim um hábito"
Aristóteles

OS SEIS PILARES PARA CONSTRUIR NOVOS HÁBITOS

1. Comece simples

O seu objetivo deve ser executar o hábito em seu formato mais simples. Não faça promessas gigantescas! Viva um passo de cada vez. O mais importante é acostumar o seu cérebro a repetir o comportamento desejável diariamente. Fazendo etapa a etapa, você não exige muito esforço do seu cérebro.

2. Pense como uma escada

Divida o hábito em etapas menores. É como se você estivesse começando a subir uma escada, e o seu grande objetivo estivesse lá no topo. Quanto menores os degraus, maior a sensação de bem-estar.

Bons exemplos: em vez de querer perder 15 kg no mês, experimente perder 3 kg por mês em um período de 5 meses. Em vez de querer ler 1 livro por semana, leia 20 páginas a cada dia. Antes de querer juntar uma fortuna, comece investindo 5% do que ganha... e assim em todas as áreas da sua vida.

Acredite, o sucesso não nasce da noite para o dia!

3. Crie gatilhos

No ambiente em que vive, crie a atmosfera necessária para ativar gatilhos de ação. Por exemplo, se deseja ter uma alimentação mais saudável, evite comprar guloseimas para ter em casa. Quer beber mais água durante o dia? Deixe uma garrafinha sempre por perto.

Esses gatilhos de ativação facilitam a decisão de repetir o comportamento para a construção do hábito.

4. Tenha clareza de seus motivos

Antes de adotar um novo hábito, questione-se: "Por qual motivo estou começando?" e "Como vou estar no futuro, caso eu não adote esse novo hábito?".

As respostas vão lhe garantir a certeza necessária para continuar, mesmo nos dias mais conflitantes.

5. Avalie suas amizades

Muitas pessoas não querem seu progresso, cuidado! Aliás, muitas farão de tudo para paralisá-lo. Selecione as pessoas que estão ao seu redor. Já ouviu a frase: "Águia não voa com pardal?". Você é uma águia! Não se deixe contaminar. Geralmente, trata-se de pessoas que não conseguiram e não querem que o outro consiga.

6. Não crie desculpas

Não tente justificar o injustificável. Muitas vezes, tentamos criar desculpas para não fazer o que deve ser feito. Falamos que não temos as condições necessárias ou que estamos vivendo um momento difícil. Pare de se vitimizar! Comece com as condições que possui hoje, mas comece! Ao longo do caminho, você vai aperfeiçoando.

QUANTO TEMPO DEMORA PARA CONSTRUIR UM NOVO HÁBITO?

Na década de 1950, o médico e cirurgião plástico Maxwell Maltz percebeu um padrão de comportamento muito comum em seus pacientes. Ele – um renomado especialista em amputações – notou que os pacientes levavam 21 dias para se acostumar com as reconstruções faciais e com as amputações. Antes desse período, os pacientes amputados se comportavam como se tivessem um "órgão fantasma". Contudo, após o período de três semanas, eles mudavam o comportamento e aceitavam a nova condição.

O período de 21 dias está relacionado à criação de um prazo. Ter um prazo devidamente estipulado contribui positivamente para a saúde mental de quem busca por transformação, é uma necessidade ao desafio ligado à **Teoria dos 21 dias consecutivos sem falhas**.

Mesmo assim, é importante respeitar o limite de cada indivíduo. Para alguns, 21 dias serão extremamente desafiadores e, para outros, serão mais tranquilos. O foco está em mudar hábitos, principalmente aqueles que carregamos ao longo de toda a nossa jornada, ou construir novos que, normalmente, você não percebe inicialmente, mas, ao longo dos dias, servirão para trazer diversos benefícios à sua vida.

AS QUATRO FASES DE UM NOVO HÁBITO

• **Primeira semana**

Você sentirá muita dificuldade em deixar de fazer algo que estava acostumado. É uma fase de adaptação. Acredite: o seu cérebro fará de tudo para autossabotar você. Não caia nas armadilhas dele!

• **Segunda semana**

Ainda estará um pouco estranho, mas você já começa a sentir pequenas doses de orgulho de si mesmo. Isso dará forças para continuar. Resista!

• **Terceira semana**

O cérebro e o corpo já estão melhor adaptados a viver sem o velho hábito ou com o hábito novo. A mudança já começou a se tornar algo normal para você. A transformação não é sobre dias, e sim sobre as adaptações e transformações que está vivendo.

• **Quarta semana**
Celebre a pequena conquista de ter chegado até aqui! Dessa forma, você terá mais prazer no que já construiu e isso se tornará um bem precioso em sua vida. Aproveite para compartilhar o seu processo com outras pessoas. Além de ser um incentivo, você poderá inspirar outras pessoas também!

HÁBITOS DE PESSOAS DE SUCESSO

Neste livro, você encontrará 365 bons hábitos para adotar em sua vida. Contudo, entre eles, há alguns hábitos que são corriqueiros na vida das pessoas mais bem-sucedidas no planeta.

Acordar cedo para aproveitar a boa energia matinal, praticar uma atividade física, ler, investir em ativos, ter metas claras e priorizar a família e os bons amigos são alguns hábitos que estão no "Top List do Sucesso"!

E você, está preparado para trilhar o seu novo caminho?

Vamos em frente! Boa leitura!

MENTE ABERTA

≈≈ 1º de janeiro ≈≈

1. CRIE O COSTUME DE SE VALORIZAR

O conceito de valor é muito interessante: pode estar atrelado a um benefício – e quanto maior este, maior será o seu valor – ou à escassez e, neste cenário, quanto mais raro, mais caro será este produto.

Por exemplo, um diamante é avaliado não somente pela sua beleza, até porque já é possível fazer diamantes lindíssimos de forma artificial, mas também pela sua escassez na Natureza e pela dificuldade de extração: dos 6 bilhões de quilates existentes, somente 1,2 bilhão de quilates conseguem ser extraídos da Natureza. Partindo deste fato, podemos afirmar que quanto mais raro um diamante, maior o seu valor.

Agora, transfira esse raciocínio de escassez para você: quantos "indivíduos" iguais a você existem no planeta: a resposta é apenas um, sim você é raríssimo e de extremo valor. Contudo, primeiramente, você precisa acreditar nisso, ser autêntico em vez de tentar a todo tempo ficar parecido com outras pessoas ou com algum grupo de pessoas. Não é errado se moldar em boas atitudes ou hábitos de outras pessoas, mas jamais perca a sua originalidade e o seu valor!

≈≈ 2 de janeiro ≈≈

2. ENFRENTE SEUS MEDOS

Toda mudança gera medo. A insegurança do que está por vir é assustadora. Contudo, enfrentar os medos é essencial para alcançar as nossas metas. Muitas vezes, o medo está ligado diretamente ao nosso propósito, pois é o que mais tememos não conseguir alcançar.

Os samurais, por exemplo, foram os guerreiros do antigo Japão feudal. O nome "samurai" significa, em japonês, "aquele que serve". E o que mais difere os samurais de quaisquer outros guerreiros da Antiguidade é o seu modo de encarar a vida e seu código de ética próprio.

Segundo esse código, os samurais não poderiam demonstrar medo ou covardia diante de qualquer situação. Havia uma máxima entre eles: a de que a vida é limitada, mas o nome e a honra podem durar para sempre.

Não deixe que o medo de cair o impeça de voar. Ouse, viva!

3 de janeiro

3. SORRIA PARA A VIDA

Um sorriso singelo é suficiente para relaxar todos os músculos em nosso rosto, suficiente para banir todas as preocupações e o cansaço. O monge budista Thich Nhat Hanh escreveu: "Quando vejo alguém sorrir, sei imediatamente que ele ou ela está vivendo no momento presente".

Ao sorrir para a vida, saímos do modo sobrevivência e passamos a viver. Quando cumprimos com nossas tarefas sorrindo, inspiramos melhores sensações e comportamentos em nós e nos outros. Além disso, o riso ajuda na resolução de conflitos que antes se apresentavam como rígidos e imutáveis. Sorrir nos ajuda a olhar para a vida com menos peso. "É mais fácil obter o que se deseja com um sorriso do que à ponta da espada", afirmou William Shakespeare.

Lembre-se: o sorriso está sempre disponível, de graça e livre para utilizarmos de todos os seus benefícios quando quisermos. Aproveite!

4 de janeiro

4. NÃO SE APROPRIE DOS DEFEITOS

Em nosso processo de desenvolvimento, acabamos adotando alguns hábitos ruins e sem perceber os absorvemos em nossa personalidade como se fosse algo definitivo, quase uma maldição que aceitamos carregar por toda a vida, obrigando, ainda, as pessoas que nos cercam a conviver com isso.

Coisas como *"Eu sou desorganizado"* ou *"Eu sou nervoso, explosivo, grosso, mal-educado, descompromissado"* e por aí vai. Tomamos de forma passiva os defeitos que devemos corrigir e ajudar o nosso desenvolvimento pessoal.

Não se identifique com esses defeitos. Isso não é você! Você pode estar desorganizado, mas organize-se! Pode estar nervoso, então acalme-se! Aprenda a receber de forma serena o que vem da vida e a tratar as pessoas com carinho e amor.

Contudo, não assuma um defeito como algo que faz parte de você. Acredite na sua capacidade de se tornar melhor a cada dia.

⁂ 5 de janeiro ⁂
5. MANTENHA A CALMA!

Os samurais se tornaram guerreiros marcantes pela forma de agir e por seus apegos à honra. Nesse sentido, o treinamento de um samurai não estava meramente ligado ao desenvolvimento físico, da força, mas também por habilidades mentais. A mente de um samurai deveria ser forte e ágil e, para tanto, precisaria exercitá-la por toda a sua vida.

E o que faziam para conquistar isso? O exercício de manter a mente calma, controlando medos e desenvolvendo a coragem. Como um guerreiro que se via defronte a várias batalhas durante a vida, o samurai pouco temia a morte, pois esse medo poderia fazê-lo lutar inapropriadamente.

E você, como lida com as suas batalhas diárias? Mantendo a calma, como a sabedoria dos samurais, ou sempre nervoso e com a cabeça quente?

Construa o hábito de controlar as suas emoções e mantenha sempre a calma para buscar as melhores soluções e as consequentes vitórias.

⁂ 6 de janeiro ⁂
6. MEDITE ANTES DE DORMIR

É incrível a quantidade de pessoas que vejo com dificuldade para dormir atualmente. Existe uma grande dificuldade das pessoas em desacelerar, desligarem-se dos acontecimentos diários e se entregarem ao sono. Contudo, você vai superar essa dificuldade com o poder da meditação.

Escolha um lugar tranquilo, sem muitos ruídos – pode ser já na sua cama. O foco da meditação é desenvolver a atenção plena na respiração. Coloque uma mão no abdômen e outra no peito. Conte até cinco enquanto respira lentamente pelo nariz. Procure deixar imóvel a mão apoiada no peito; já a mão que estiver na barriga precisa acompanhar o movimento da respiração. Esse processo é chamado de respiração abdominal ou diafragmática e é ideal para ser feita até se sentir sonolento(a).

Desprenda-se das conturbações que atribulam a mente. O ideal é dormir com pouca incidência de luz. É necessário que você doe um pouco do seu tempo para se desligar e recuperar suas energias para o próximo dia.

7 de janeiro

7. AFASTE-SE DE PESSOAS NEGATIVAS

Evite pessoas com pensamentos negativos. Não permita que o pessimismo delas contamine você! Como diz a pensadora Yára Uchôa Barreto, "mude a sua sintonia atraindo para o seu convívio as energias poderosas do Universo. Conecte-se com o bem, com a luz e com o amor. Cerque-se de pessoas que o impulsionam ao progresso".

Pessoas negativas são sugadoras de energia e sempre tentarão lhe atrair para a mesma vibração em que vivem. Elas sempre têm um problema para cada nova solução. A frase célebre "Está difícil" é constante no vocabulário do pessimista. Quando você se afasta de pessoas complicadas até a sua saúde mental melhora.

Para se afastar, não é necessário ser grosseiro. Apenas saia de cena e crie novas amizades que prezam por desafios e vitórias.

8 de janeiro

8. ARRUME A SUA CAMA

Grande parte das pessoas coloca o despertador para dormir o máximo possível ou então coloca na função "soneca", adiando o alarme por mais 10 minutinhos. Outras pessoas, então, acordam e ficam – ainda deitadas – vendo as redes sociais. Ao fazer isso diariamente, nossa mente já começa o dia sem foco e teremos pouca produtividade.

Tenha o hábito de acordar cedo e, na sequência, já arrumar a sua cama. É uma atividade simples, mas que conduz o cérebro a cumprir todas as atividades do dia. "Se você quer mudar o mundo, arrume a sua cama" – essa frase genial é de William H. McRaven, ex-almirante da Marinha Americana. William aprendeu a importância de arrumar a cama, quando estava treinando para o grupo de elite da Marinha dos Estados Unidos. Durante esse tempo, todas as manhãs, os instrutores passavam nos alojamentos para fiscalizar se as camas estavam feitas.

A princípio, William considerava essa exigência sem sentido e não dava o menor valor para esse hábito. Na verdade, ele não compreendia como isso poderia ajudá-lo a se tornar um soldado de elite.

A essência do ato de arrumar a cama todos os dias ao levantar traz consigo a ideia de que: "Ao arrumar a sua cama pela manhã, você cumpre a primeira tarefa do dia. Ela lhe dará um pequeno orgulho e motivação para concluir mais outra tarefa. E a partir dessa pequena tarefa, você concluirá muitas outras tarefas maiores ao longo de seu dia", explicou William H. McCraven.

9 de janeiro

9. ESCUTE MÚSICA

A primeira mudança notável nos nossos hábitos de audição começou no fim do século XIX com a chegada da tecnologia para gravar e reproduzir uma performance musical. O gramofone permitiu, pela primeira vez, apreciar a música em casa, em qualquer horário.

De lá para cá, outras inovações tecnológicas surgiram, como a fita cassete, os LPs e, posteriormente, os CDs e DVDs. Atualmente, vivemos a era digital onde o hábito de ouvir música em *streaming* (execução online) ganha cada vez mais espaço em todo o mundo.

Independentemente da plataforma utilizada, o poder da música é visto no decorrer da história da Humanidade. A música tem o poder de aguçar a nossa memória afetiva, transformar a nossa energia e traduzir os nossos sentimentos. A música fala diretamente com a parte límbica do cérebro (região responsável pelas emoções, prazer, motivação e afetividade), liberando dopamina e causando sensação de puro bem-estar ao corpo e à alma.

A partir de agora, pense na música como uma aliada poderosa: ouça-a sem moderação.

10 de janeiro

10. FAÇA SACRIFÍCIOS NO PRESENTE EM PROL DO FUTURO

Se você quer ter algo que nunca teve, precisa fazer algo que nunca fez! Enquanto continuarmos fazendo sempre as mesmas coisas, os resultados sempre serão os mesmos...

Sendo assim, qualquer pessoa que queira atingir o nível alto de sucesso terá que abdicar de algumas situações para vencer: terá que ver seus amigos saindo para festas, por exemplo, para estudar... Já aquela série que tanto quer maratonar também ficará para depois, pois você tem um sonho a construir!

É importante fazer alguns sacrifícios hoje para conquistar metas e ter os resultados tão esperados! Como diz o golfista profissional americano, Tiger Woods: "Quanto mais eu treino, mais sorte eu tenho!".

Crie o hábito de treinar o seu cérebro para os pequenos esforços. Se repetidos dia após dia, por um longo período, levarão você ao destino que deseja chegar.

11 de janeiro
11. ACREDITE QUE É RESPONSÁVEL PELO PRÓPRIO DESTINO

Hal Elrod, autor do livro "*O Milagre da Manhã*" (Editora BestSeller), escreveu: "A partir do momento em que assumimos total responsabilidade por tudo em nossa vida, nós reivindicamos o poder para mudar qualquer coisa em nossa vida".

O que isso quer dizer? Que independentemente da sua classe social ou das circunstâncias em que vive, você deve assumir o que de melhor pode fazer para conquistar o que deseja. Não culpe a economia ou as pessoas à sua volta, traga o "problema" para você e tente solucioná-lo da melhor forma possível.

Acredite, muitas pessoas têm privilégios e boas oportunidades, mas podem não ter a garra de um cidadão que não teve tantas regalias em sua vida. Se tiver vitórias, trace o próximo objetivo e siga em frente! Se tiver derrotas, aprenda as lições e tente novamente.

12 de janeiro
12. CRIE O JOGO DO PROGRESSO

Diante das inúmeras dificuldades da vida, existe um segredo infalível das pessoas bem-sucedidas: é fazer todos os dias um pouco. Não quer dar um "salto maior que a perna" e nem buscar atalhos para facilitar.

Se você for uma pessoa que quer melhorar tudo de uma única vez, as chances de se frustrar e desistir serão muito grandes. Já se você adotar o hábito do "Jogo do Progresso", evoluindo um pouquinho a cada dia na meta que deseja atingir, suas chances de êxito serão muito maiores.

Alguns bons exemplos: em vez de querer emagrecer 20kg em um único mês, faça metas curtas de perder 2kg por mês ao longo de 10 meses. Em vez de desejar ler 1 livro completo por semana, leia 1 capítulo em 7 dias.

Imagine a situação: um aluno estuda um pouco por dia para uma prova importante; já o outro estuda toda a matéria por 24 horas às vésperas da prova. Quem você acha que vai se dar melhor?!

13 de janeiro
13. DISCIPLINE SEU CÉREBRO

Sempre estamos buscando aumentar a potência do nosso cérebro, melhorando seu desempenho, nossa memória e nossa imaginação. Contudo, potência sem direcionamento e sem disciplina pode ser mortal.

E de repente seu cérebro fortalecido está se voltando contra você mesmo e tornando-se o seu inimigo. Um acontecimento antigo lhe causa sofrimento, a possibilidade de um problema futuro o faz sofrer. Seu cérebro está fortalecido, porém, mal direcionado.

Assim como o machado de um lenhador, ela deve ser afiada e cuidada para servir ao seu propósito. A mente funciona como um inimigo para aqueles que não a controlam. Esse também é um princípio abordado em *Bhagavad Gita*, obra escrita provavelmente no terceiro ou quarto século a.C. que narra uma grande epopeia Hindu.

Discipline seu cérebro para trabalhar a seu favor, coloque pressão e busque seus objetivos. Pense nas metas que você deseja alcançar. Mantenha seu cérebro ativo. Como prega o ditado popular, "cabeça vazia, oficina do diabo".

14 de janeiro
14. A VITÓRIA COMEÇA A PARTIR DE DENTRO

Todo mundo tem uma batalha interior que se intensifica nas grandes decisões e nos momentos difíceis. Sendo assim, antes de partir para qualquer conquista, é necessário resolver as pendências dentro de você e ter clareza de quais caminhos deseja seguir.

"Guerreiros vitoriosos ganham primeiro e depois vão à guerra, enquanto os guerreiros derrotados vão primeiro à guerra e depois procuram vencer", declarou Sun Tzu, general chinês que viveu no século 4 a.C. e que acumulou inúmeras vitórias em combate.

Construa o hábito de sempre solucionar seus conflitos internos. Se você não resolver isso antes de desbravar o mundo, independentemente do resultado, a conquista será muito mais difícil e o caminho mais longo a seguir. Acredite, tudo começa de dentro para fora!

15 de janeiro
15. SEJA O COMANDANTE DA SUA VIDA!

Como afirma o filósofo estoico Sêneca, "quando não sabemos a que ponto estamos indo, qualquer vento é favorável". Essa frase diz muito sobre você ter seus objetivos, seu propósito e alinhar a sua vida, conforme as suas crenças. Isso o impulsionará e lhe dará mais convicções em suas decisões.

Muitas interferências podem surgir no meio do caminho, mas fiscalize as suas ações diárias e analise se as suas escolhas não estão te desviando do seu propósito maior. Seja o roteirista dos seus sonhos e viva a felicidade em cada capítulo da sua vida.

16 de janeiro
16. EXERCITE O PODER DA RESILIÊNCIA

Resiliência significa continuar apesar de todas as adversidades. Em outras palavras, significa jamais desistir! Pessoas bem-sucedidas sabem que os maiores aprendizados da vida surgem do enfrentamento dos maiores desafios. Acredite, a sua história de sucesso está sendo escrita a cada momento em que você for resiliente para superar os obstáculos: cultive este hábito!

17 de janeiro
17. ELEVE O SEU NÍVEL

Não perca sua energia com coisas fúteis ou negativas, assuntos tolos, sem conteúdo e sem valor. Aprenda a filtrar e escolher quais discussões e conversas valem a pena você investir ou desfrutar com o seu tempo.

Medíocres falam sobre pessoas, pessoas comuns falam sobre fatos e grandes homens falam sobre ideias.

18 de janeiro
18. SEJA CORAJOSO! ENFRENTE SITUAÇÕES ADVERSAS

Uma grande parte da nossa sociedade está condicionada a levar você a pensar que, na sua vida, você não deve confrontar a si mesmo, deve evitar um enfrentamento ou até uma colisão. Dessa forma, você viverá uma vida tranquila.

Contudo, a pergunta deve ser: você quer uma vida tranquila ou uma vida épica? Como você desfrutará deste presente que é a sua vida?

Logicamente, você deve escolher suas batalhas e, principalmente, como enfrentá-las. Porém, não se acovarde diante de crises ou conflitos; enfrente-os de forma serena, intensa e natural. Corra os riscos! Você se fortalecerá pelo caminho.

Como disse Charles Chaplin, "não devemos ter medo dos confrontos. Até os planetas se chocam e do caos nascem as estrelas".

19 de janeiro
19. TENHA PRONTIDÃO

No Japão, entre os anos 1185 e 1867, os samurais tiveram o seu período de grande ascensão. Seguidores do Bushido – um código de honra e modo de vida que traduz o "caminho do guerreiro", este tipo de soldado da aristocracia japonesa nos deixou muitos ensinamentos interessantes para fortalecimento da nossa mentalidade.

Um deles é cultivar o hábito da prontidão. Esteja sempre preparado para agir nas mais diferentes situações da vida. Se em um campo de guerra não há trégua para hesitar, na vida, quanto menos hesitações e mais prontidão, maiores serão as chances de sucesso. Seja resiliente para lidar com as adversidades ou fatos inesperados. Se tiver uma mentalidade fortalecida, os desafios serão sempre mais fáceis de serem ultrapassados.

20 de janeiro
20. RENOVE SEU PROPÓSITO DIARIAMENTE

Ao acordar diariamente, renove o seu compromisso em fazer um mundo melhor. Mesmo que você caia várias vezes durante o dia, a sua mente estará alinhada com seu compromisso e organizará os seus pensamentos, a sua energia e as suas ações.

Assim, você será elevado de uma posição passiva – que sofre as consequências do que acontece ao seu redor – para a posição de um transformador, de um criador de um novo ambiente que você e outras pessoas usufruirão.

21 de janeiro
21. TENHA UMA MOTIVAÇÃO PARA VIVER E NÃO APENAS EXISTIR

A motivação é essencial para ir em busca daquilo que deseja. Ela funciona como um combustível que estimula o comportamento humano para o seu bom desempenho.

Tem uma frase do autor Frederick Herzberg que diz: "Podemos carregar a bateria de uma pessoa, depois recarregá-la e carregá-la mais uma vez. Mas somente quando ela tiver o seu próprio gerador é que podemos falar de motivação".

Nos momentos de crise, a motivação pode desaparecer e dar lugar ao desânimo, mas é sempre importante procurá-la dentro de você, quando parece impossível encontrá-la. Para vencer o desânimo, siga alguns passos:

Visualize o sucesso! Dessa forma, vai ser mais fácil se motivar a chegar lá.

Tenha um ambiente de apoio, afastando-se de pessoas negativas.

Seja positivo! Tire alguns minutos do seu dia para mentalizar coisas boas e que deseja atrair.

Lembre-se de que o caminho percorrido é tão importante quanto o destino final. Desfrute de cada conquista e passo dado.

Cultive o hábito de buscar diariamente focar nos seus planos e metas. Por mais difíceis que eles possam parecer, acredite, é possível chegar lá!

22 de janeiro
22. CONFIAR EM SI MESMO É O SEGREDO DO SUCESSO

Ah, a confiança, esse sentimento que faz você conquistar o mundo ou ficar paralisado em um mesmo lugar por anos. E aqui não estou falando em confiar nos outros, mas, sim, em si mesmo.

Quando você tem autoconfiança, tudo flui mais fácil. Acredite, são poucas pessoas que conseguem desenvolver essa autoconfiança de forma simples, porque ela pode ser impactada por alguma coisa que você já viveu e fez com que confiasse menos em seu potencial. Sendo assim, quebrar os bloqueios do passado é fundamental para recuperar a confiança.

Confiar em si mesmo é importante e vai levá-lo além. Exercite a sua e veja como as coisas fluirão melhor. Lembre-se de que confiar em si mesmo é um processo diário. Continue treinando até se tornar um hábito que flui em todas as situações de sua vida.

23 de janeiro
23. REDEFINA SUAS CRENÇAS E MUDE SUAS ATITUDES

As crenças são nossos julgamentos e avaliações sobre o mundo e sobre nós mesmos. O fato é que, ao longo da vida, vamos acumulando crenças limitantes que impedem a nossa evolução. Um dos grandes segredos das pessoas de sucesso é a redefinição das crenças, para mudar pensamentos e hábitos que travam a vida.

Antes de redefinir as crenças, o primeiro passo é identificar as suas. Depois, tente mostrar para si mesmo que essas crenças são apenas bloqueios da mente. Uma boa dica é focar nos seus objetivos e substituir os pensamentos destrutivos por crenças fortalecedoras. Encoraje-se, só você poderá fazer isso por si mesmo! E lembre-se: a gente se transforma nas chaves das prisões que conseguimos nos libertar.

Além de identificar as crenças que paralisam você e focar nos objetivos, é preciso agir. Trabalhe para mudar também as suas atitudes, afinal, são elas que o conduzirão rumo ao sucesso. Você só terá novos resultados se der vida a novas atitudes!

24 de janeiro
24. SEJA MAIS POSITIVO

A maneira como enxergamos os problemas faz toda a diferença. Se somos tomados por pensamentos negativos, vamos entrando em uma energia pesada, uma bolha gigante difícil de sair.

Especialistas em psicologia emocional dizem que é permitido ter até três pensamentos negativos por dia. E olha que curioso: segundo estudo do laboratório de Neuroimagem da Universidade da Califórnia, cada pessoa tem até 70 mil pensamentos por dia, sendo uma grande parte deles limitantes. A boa notícia é que nós podemos mudar o rumo desses pensamentos.

Quando esses pensamentos vierem, coloque na sua mente que eles não são uma verdade absoluta, às vezes, só estão ali para limitar suas atitudes. Outro hábito que faz a diferença é reverter a realidade, por exemplo, em vez de dizer que não está em um dia bom, mude para "nossa, hoje meu dia está incrível", mas lembre-se de que você precisa acreditar nisso, e não falar apenas da boca para fora.

Nas situações difíceis e negativas, busque ver o lado positivo e o que aprendeu com aquilo. Sabe aquela história de "quando Deus fecha uma porta, abre uma janela"? Faz todo o sentido aqui.

25 de janeiro
25. COMPREENDA AS SUAS EMOÇÕES

Sabia que, segundo estudiosos, a palavra "emoção" vem do latim *ex movere* que, em tradução livre, significa "mover para fora"? Essa definição faz todo o sentido porque nossas emoções são a maneira através da qual colocamos o que está em nosso interior para fora.

Entender essas emoções é fundamental para que consigamos nos controlar em momentos difíceis. Porém, você sabe quais emoções podemos sentir? Existe uma teoria sobre as emoções básicas, que define as quatro emoções que todo ser humano sente: raiva, medo, alegria e tristeza. A partir delas e suas combinações é que surgem outras emoções mais complexas.

Ao conhecer essas quatro emoções, conseguimos nos controlar em momentos de crise. Existe uma competência chamada de inteligência emocional, que pode ser desenvolvida para que você aprenda a administrar emoções e usá-las a seu favor. Aliás, inteligência emocional é um dos *skills* que o mercado de trabalho tem analisado ultimamente.

26 de janeiro
26. COLOQUE SUAS METAS NO PAPEL E ACOMPANHE-AS!

Se você chegou até aqui, provavelmente já leu a frase: "Para quem não sabe aonde quer chegar, qualquer destino serve". E ela é mais que verdadeira e precisa ser repetida. Ter metas é fundamental para seguir uma direção e não ficar perdido. E faça metas curtas, tudo muito específico, para você consolidar com mais rapidez o que deseja.

Com que frequência você avalia a sua evolução? Quais são os seus objetivos de vida, sejam eles físicos, econômicos, profissionais e familiares? É muito importante ter um tempo para colocar as suas metas no papel e também anotar o acompanhamento. No dia a dia corrido, temos o hábito de entrar no automático e, muitas vezes, largamos os objetivos no meio do caminho ou desanimamos por não vermos resultados. Quando acompanhamos as coisas de perto, conseguimos comemorar os microrresultados.

E não foque apenas nas metas, e sim nos esforços e estratégias que fará para conquistá-las. Lembre-se de que basta um passo para você sair do lugar em que está. Anote suas metas, estabeleça prazos e acompanhe-as. Além de persegui-las com mais ânimo, cada conquista terá um sabor diferente.

27 de janeiro
27. SEJA DISCIPLINADO, ISSO FARÁ TODA A DIFERENÇA

Se existe algo poderoso e que pode transformar a sua vida é a disciplina. Quando você tem disciplina consegue manter o foco nas suas tarefas e objetivos em qualquer situação e momento – o que, aliás, é o grande segredo das pessoas bem-sucedidas.

Para uma pessoa com disciplina não existe "hoje estou cansado" ou "hoje não estou com vontade", elas fazem o que precisa ser feito. E como manter essa disciplina em dias difíceis? Focando nos seus objetivos. Um dia difícil irá passar, mas, se não for disciplinado, você ainda vai ficar frustrado porque poderia ter persistido naquilo que desejava.

Acredite, a disciplina pode ser desenvolvida mudando pequenos hábitos no seu dia a dia, e o primeiro passo é o planejamento. Programe a sua rotina e administre seu tempo com sabedoria para conseguir cumprir com as suas tarefas. Defina também as suas prioridades e trabalhe a sua mente para parar de se sabotar. Lembre-se de que o medo e a procrastinação são os grandes vilões da disciplina e podem colocar tudo a perder.

28 de janeiro
28. AMPLIE SEUS LIMITES

A grande maioria dos limites existe porque ninguém conseguiu achar um modo de transpor e estabelecer um novo limite.

Santos Dumont estabeleceu um novo limite quando, em 1906, voou pela primeira vez com o 14bis.

Já Usain Bolt, profissional de atletismo conhecido pela imprensa especializada como o mais veloz de sua categoria, estabeleceu um novo limite de velocidade que um homem pode correr (Bolt foi o primeiro atleta júnior a correr os 200 m rasos em menos de 20 segundos, seu tempo de 19,93 era surpreendente pra qualquer jovem atleta).

Tenha certeza, alguém, algum dia, vai restabelecer um novo record, um novo limite.

Assim, deixe sua cabeça aberta às possibilidades, não se limite, desafie-se e faça a diferença. Você pode ser diferente!

29 de janeiro
29. BUSQUE O AUTOCONHECIMENTO TODOS OS DIAS DA SUA VIDA

Já dizia o filósofo grego Sócrates: "Conhece-te a ti mesmo". Afinal, tem algo mais poderoso do que conhecer a si mesmo? Existem pessoas que vivem a vida inteira sem se conhecerem profundamente. Quando não temos autoconhecimento, perdemos tempo de vida gastando energia com coisas pequenas e que não fazem sentido.

Ao buscar autoconhecimento, você consegue investir a sua energia no que realmente vale a pena. Além disso, conhece seus pontos fortes e sabe como valorizá-los, e também os pontos fracos, buscando melhorar diariamente.

Quando você trabalha o seu autoconhecimento, consegue ter inteligência emocional, resiliência e tem mais facilidade em focar nas suas metas e em seus objetivos.

Porém, não é do dia para a noite que você vai desenvolver esse autoconhecimento, é uma busca constante. É a construção de um hábito!

30 de janeiro
30. VOCÊ É FORTE, NÃO SE VITIMIZE!

Responda rápido: em quantas situações difíceis da vida você já se vitimizou? Lembre-se de que ninguém é responsável pelas coisas que acontecem com você, elas simplesmente acontecem. Viver é isso!

Se você costuma culpar os outros pelas expectativas que colocou nelas, uma dica é tentar olhar adiante e compreender a raiz do comportamento dos outros e por que aquilo o frustra. Uma coisa é fato: se fazer de vítima e culpar os outros diz mais sobre você do que sobre os outros.

Levante, sacuda a poeira e dê a volta por cima! Você não pode evitar que as coisas aconteçam com você, mas pode escolher como lidar com elas.

31 de janeiro
31. RESPIRE E CONTE ATÉ 10, ISSO FAZ TODA A DIFERENÇA!

Você, com certeza, já ouviu alguém dizer para uma pessoa no ápice do estresse: "Calma, respire e conte até 10". É porque de cabeça quente ninguém consegue resolver nada e as chances de tomar uma decisão errada no calor das emoções são maiores.

A melhor maneira de controlar isso é refletir sobre as suas atitudes e buscar ter sempre uma intenção positiva nas suas ações. Dessa forma, toda vez que for tomar uma atitude, vai pensar se sua ação ou palavra prejudicará alguém e, se a resposta for sim, irá repensar.

Outra dica é treinar todo dia! Diariamente tomamos decisões, das mais simples às complexas. Para diminuir a impulsividade, treine nas escolhas simples, como escolher onde almoçar, por exemplo. Acredite, de pouquinho em pouquinho, você vai deixando a impulsividade de lado e começa a tomar decisões mais sensatas e assertivas, não desista.

1º de fevereiro
32. NÃO COMPARE SEUS BASTIDORES COM O PALCO DOS OUTROS

Ah, a comparação, essa grande armadilha do dia a dia! Quem nunca ouviu a frase: "A grama do vizinho é sempre mais verde"? Ela diz muito sobre basear a sua vida na do outro.

Nós nunca sabemos como é a vida da outra pessoa e, muito menos, tudo o que ela passou para chegar onde está. E essa comparação é ainda pior quando é pelas redes sociais porque, no Instagram, por exemplo, as pessoas mostram 1% do seu dia, nós não sabemos nada sobre elas. Por isso que se comparar pode ser uma grande armadilha para a frustração.

Para evitar essa comparação nas redes sociais, entenda que aquela não é a verdade absoluta de ninguém. Compreenda também que as redes são artificiais, as pessoas só mostram aquilo que desejam.

No dia a dia, com pessoas do seu convívio, busque conhecer mais sobre as histórias delas. Assim, você consegue saber os bastidores e enxerga que nem tudo são flores. Todo mundo trava batalhas diárias, o segredo é focar nas suas evoluções. Lembre-se de que cada um tem o seu tempo e as suas conquistas, não se compare e seja mais positivo consigo mesmo.

2 de fevereiro

33. JOGUE FORA SEUS TRAUMAS

O tempo passado já foi, não volta, portanto, não sofra, não se culpe. Se você estiver com sua mente cheia de "problemas" de acontecimentos passados, sua mente estará sobrecarregada e estará uma bagunça. Estes "problemas" do passado são lixos mentais, que o atormentam e impedem você de viver o agora na sua totalidade. Não adianta perder seu tempo tentando resolvê-los, pois, bem ou mal, já foram resolvidos no passado. Não se frustre, jogue o lixo fora e viva o presente.

3 de fevereiro

34. COMEMORE AS CONQUISTAS – ATÉ AS PEQUENAS!

Conquistas são conquistas, sendo elas grandes ou pequenas, todas merecem ser celebradas. Se esperamos apenas grandes coisas acontecerem para celebrar, acabamos nos sentindo sempre insatisfeitos. Muitas vezes, as conquistas acabam passando batido e, para que isso não aconteça, que tal adotar alguns hábitos?

No fim do dia, separe um momento para anotar as coisas boas que aconteceram e que merecem a sua gratidão. Anote também quem são as pessoas que o ajudam a conquistar as coisas e seja grato a elas. Analise também as evoluções dos pequenos esforços. Reconheça suas dificuldades e valorize a força que você direciona para que consiga superá-las.

Colocar esses hábitos em prática faz toda a diferença, pois, quando saímos do automático e conseguimos ver no dia a dia as coisas acontecendo, tornamos o nosso dia mais prazeroso, interessante e aumentamos a nossa gratidão.

4 de fevereiro
35. NÃO TENTE AGRADAR A TODOS

Se nem Jesus Cristo agradou a todos, acredite, você também não irá agradar. Por mais que doa e tenhamos medo da rejeição, ela acontece com todo mundo em algum momento da vida. Seja um amor não correspondido, uma vaga de emprego que não deu certo, uma pessoa que não quer estar na sua vida... Há várias situações de rejeição que todos estamos sujeitos a passar. E a melhor maneira de aprender a lidar com isso é vivendo.

Se você for rejeitado, encare a situação com naturalidade, e até com bom humor, e passe por cima, não carregue contigo, não! Lembra do lixo mental? Jogue fora!

5 de fevereiro
36. FIQUE ATENTO AO USO DA COR VERMELHA

Você sabia que alguns hábitos, como usar as cores certas, podem impactar no seu desempenho diário e influenciar a imagem que transmite? Segundo estudo realizado pela Universidade de Chichester em 2010, a cor vermelha, por exemplo, pode influenciar o inconsciente na percepção do fracasso, fazendo com que aumentem os resultados ruins.

Esse estudo é baseado na cromoterapia, a ciência que se dedica ao estudo das cores e seus efeitos sobre a mente humana. Pois é, as cores dizem mais do que as pessoas podem imaginar.

O verde traz equilíbrio e crescimento, já o amarelo é a cor do intelecto. O laranja, por sua vez, é o tom do otimismo e da autoconfiança, já o azul é a cor da serenidade e da paz. O preto é a cor da formalidade, que dá a ideia de sofisticação e segurança.

6 de fevereiro
37. PROJETE SUA VOZ PARA SER OUVIDO

A sua voz também passa uma imagem e impacta diretamente naquilo que você deseja dizer e, quando você sabe projetá-la da maneira correta em cada momento, consegue ter um maior poder de convencimento.

Você já reparou como os jornalistas da TV têm uma maneira diferente para passar notícias alegres e tristes? Pois eles sabem projetar a sua voz para cada momento.

A projeção da voz é uma técnica utilizada para que sua voz seja transmitida com clareza, de modo a passar confiança e conforto para as pessoas. E a boa notícia é que é possível treinar isso!

O primeiro passo é controlar a sua respiração para um melhor desenvolvimento vocal. Saiba também controlar o limite da sua voz, não fale muito alto, nem muito baixo, a altura transmite emoções. E o terceiro passo é trabalhar a entonação da voz, enfatizando ou diminuindo de acordo com a mensagem que deseja passar.

Quando sabemos como falar e nos preparamos para isso, as chances de sermos ouvidos aumenta bastante. Treine e coloque em prática!

7 de fevereiro
38. EXERCITE A SUA PACIÊNCIA DIARIAMENTE

Você pode até acordar de bom humor, mas os acontecimentos do dia a dia fazem com que você rapidamente perca a paciência e se estresse? Sentimos em informar, mas talvez seja hora de começar a exercitar a sua paciência.

O primeiro passo é exercitar o autocontrole. Será que você não está com o pavio curto demais? Se a resposta for "sim", tente se segurar mais no dia a dia. Respire fundo, isso realmente funciona. Quando inspiramos e expiramos, conseguimos nos acalmar e evitamos as chances de uma explosão.

Uma outra maneira de exercitar a paciência é usar os exercícios físicos a seu favor. Quando fazemos atividades físicas, reduzimos o estresse, pois liberamos a endorfina, o hormônio responsável pelo bem-estar.

E, por fim, aceite que as coisas precisam de tempo para acontecer e nem sempre elas acontecem quando nós queremos. É difícil, nós sabemos, mas, nesse caso, aceitar dói menos!

8 de fevereiro
39. TRABALHE A AUTORRESPONSABILIDADE

A autorresponsabilidade é a capacidade de assumirmos a responsabilidade por tudo o que acontece conosco, seja no trabalho, no dia a dia e até com as suas emoções. Ela é superimportante para o nosso autoconhecimento e evolução. Quando assumimos a responsabilidade, estamos olhando para dentro da gente, tentando entender o porquê aquilo aconteceu e, desta forma, as chances de aprendizado são muito maiores.

Quando temos autorresponsabilidade, temos controle da nossa vida. Afinal, reconhecemos que temos problemas e que precisamos melhorar em determinados pontos. Entre as vantagens de assumir uma postura autorresponsável estão: mudança de hábitos, autoconhecimento, relacionamentos mais saudáveis, redução de crenças limitantes, entre outras.

Para desenvolver a autorresponsabilidade, construa o hábito de se avaliar constantemente e, quando achar que algo é culpa de alguém, questione-se para ver se a responsabilidade não é sua. Dedique-se ao autoconhecimento, olhe para si e busque respostas sobre as suas reações. Tenha sobre você um tom observador, não julgador.

9 de fevereiro
40. FAÇA ESCOLHAS

Reflita, estude e, se tiver tempo, revise o problema antes de decidir, mas não tenha medo de tomar decisões. Você é o senhor/senhora da sua vida e saboreará suas vitórias e acertos, ou lamentará seus erros, mas aprenderá. Aceite seus erros e busque os próximos acertos.

O processo de tomada de decisão, assim como qualquer outro, é aperfeiçoado pela prática. Com o passar do tempo e muita dedicação, você vai se tornar um ótimo líder.

41. ESCOLHA AMBIENTES EXTRAORDINÁRIOS

Se você estiver em um ambiente ruim, com pessoas tóxicas e que não têm aqueles atributos que você almeja, o esforço que terá que fazer para vencer em seu propósito terá que ser triplicado!

Há pessoas que minam a nossa energia. Encontre uma saída para se afastar delas! Por isso, crie o hábito de escolher ambientes extraordinários. Escolha ficar ao lado de pessoas que elevam as suas competências. O seu ciclo de convivência define os seus resultados também. Pense nisso!

Agora é a sua vez de colocar seus conhecimentos em prática!
Marque os hábitos que já conquistou e os que almeja alcançar.
Se preferir, trace um plano para conquistar suas próximas metas.

_____
_____
_____
_____
_____
_____
_____
_____
_____
_____
_____
_____

FINANÇAS

11 de fevereiro

42. PLANEJE SUAS FINANÇAS

Faça um relatório de todos os seus gastos no mês. Divida aqueles que são recorrentes (que se repetem todos os meses), dos que são eventuais. Você precisa saber quanto custa para sobreviver todos os meses.

Agora, cruze com o valor que você conquista todos os meses. A diferença precisa ser positiva! Se não for, você deverá fazer algo para mudar. Ou reduz os gastos ou consegue aumentar suas fontes de renda.

Construa o hábito de controlar todos os lucros e as despesas, analisando com frequência o que pode ser reduzido e/ou ampliado.

Esta será sua planilha para prosperar. Para facilitar, você pode começar utilizando a minha como base. Acesse o QR-Code abaixo:

12 de fevereiro

43. CORTE O DESPERDÍCIO

Como aquele velho e sábio ditado: custo é como unha, cresce todos os dias! E você precisa revisitá-los periodicamente para reavaliar a sua real necessidade.

Você certamente se espantará ao verificar a quantidade de dinheiro que está gastando sem usufruir, desde aquele plano de telefone defasado, pois normalmente os planos atualizados oferecem mais serviços a um preço mais baixo, até o gasto com a manutenção do carro mais velho. Nesse caso, você verá que é melhor vendê-lo e economizar para comprar um mais novo ou usar os serviços de aplicativos para transporte individual e ainda investir o dinheiro economizado.

Faça periodicamente uma lista (que já estará na planilha para prosperar) e desapegue de algumas contas que consomem boa parte do seu dinheiro.

13 de fevereiro

44. NÃO USE O CARTÃO DE CRÉDITO

Esse é um dos hábitos mais destrutivos que uma pessoa pode ter, além de ser, sem dúvida, uma prisão que vai levá-lo para a infelicidade e ruína. Pois o grande negócio do cartão de crédito é antecipar valores para o tomador de crédito e cobrar muito por isto. Lembre-se de uma regra simples: nunca gaste o que você ainda não ganhou.

Veja a tabela abaixo. Nela você pode analisar quanto pagou ao cartão de crédito uma pessoa que usou R$ 10.000 reais de crédito nos últimos 5 anos e demorou 12 meses para pagar. É assustador!

VALOR UTILIZADO	NÚMERO DE PARCELAS	TAXA DE JUROS DO AO MÊS	TOTAL DE JUROS POR PARCELA	TOTAL DE JUROS AO ANO	TOTAL DE JUROS EM 5 ANOS
R$ 10.000	12	13% (crédito rotativo – média)	R$ 466,67	R$ 5.600,04	R$ 28.000,20

14 de fevereiro

45. NÃO FAÇA EMPRÉSTIMO

Vale aquela regra de não gastar o que ainda não ganhou. Pegar um dinheiro emprestado – seja no banco, com amigos ou com outro meio – lhe dará a satisfação imediata e antecipada de adquirir algum bem ou serviço que você deseja.

Isso parece tentador, mas esse êxtase é muito curto, já que, após esse prazer inicial, você passará um bom tempo se esforçando para quitar algo que já consumiu, pagando juros e comprometendo o seu planejamento.

Lembre-se de não comer a sobremesa antes do jantar, normalmente quem faz empréstimo para adquirir algo não valoriza o valor das coisas e acaba pagando mais caro.

15 de fevereiro

46. NUNCA SEJA FIADOR DE NINGUÉM

Este é um hábito ou, mais do que isso, uma regra sagrada que pode salvar o seu futuro e o de sua família.

Ser fiador de alguém é muito fácil e parece inofensivo, pois aparentemente não custa nada ser fiador e normalmente quem pede este "favorzinho" é uma pessoa querida e próxima, mas é aí que mora o grande perigo.

No caso de o devedor principal não arcar com seus compromissos – muitas vezes, o fiador desavisado nem sabe ao certo o tamanho desse compromisso – a segunda pessoa responsável em pagar é o fiador, e isso pode custar parte do seu patrimônio.

Acredite, existem pessoas que já perderam carro, imóveis e, logicamente, também o amigo.

16 de fevereiro

47. NÃO EMPRESTE DINHEIRO A NINGUÉM

Esse hábito é primo do hábito anterior, talvez até com potencial destrutivo menor, pois sua perda está limitada ao valor que você emprestou, mas é tão danoso quanto.

Além disso, são poucas as vezes em que um empréstimo ajuda realmente uma pessoa. Normalmente, a pessoa que toma o empréstimo acaba sendo muito grata no primeiro momento, mas esse efeito é rápido e passageiro, como uma droga que alivia, dá prazer, deixa um vazio e logo, logo o viciado vai precisar de mais.

Estimo que, em mais de 90% dos casos, você não ajuda realmente a pessoa, mas sim reforça a posição de fragilidade e dependência da mesma, que acaba cavando mais ainda o buraco em que está.

E normalmente você ainda perde o dinheiro e o amigo. Uma sugestão é oferecer uma orientação financeira. Seria ótimo se essa pessoa que pede empréstimo fizesse o seu planejamento como listado no primeiro item deste capítulo.

Ensine a pescar, não dê o peixe.

17 de fevereiro
48. NEGOCIE E VALORIZE O SEU DINHEIRO

Muitas pessoas possuem um bloqueio em negociar, pois acham que estão pedindo desconto. Isso porque existe uma questão cultural alinhando a ideia de que essa prática é um desrespeito ou até pouco digna.

Conheço algumas pessoas que ficam envergonhadas quando estão comigo e me presenciam negociando algo, mas, ao final da negociação, gostam do resultado.

Possivelmente, esse conceito foi inventado pelos vendedores, evitando assim o incômodo de ter que reduzir suas margens ou praticar um preço mais razoável.

Contudo, tenha certeza de que essa prática é muito saudável e pode, além de possibilitar um preço mais justo, evitar um desperdício impressionante no final de 1 ano.

Quebre esse bloqueio!

Aqui vai uma regrinha simples: comece oferecendo 10% abaixo nas compras de produtos e 15% abaixo para compra de serviços, mas não fale em porcentual. Faça você a conta e ofereça em valores, sendo firme na sua oferta. Acredite no seu poder de compra. Possivelmente o vendedor lhe oferecerá um valor intermediário.

Este é um começo para você perder o bloqueio. Com o tempo, você melhorará seu "feeling" de negociador e será mais agressivo e convincente. Você certamente se espantará e perceberá que rapidamente já economizou o valor bem maior do que investiu comprando este livro, ou seja, este livro saiu de graça, mas este é só o começo.

18 de fevereiro
49. ANUALIZE SEUS GASTOS, RECEITAS E ECONOMIAS

Esta é uma ferramenta de sucesso usada por pessoas vencedoras. Quando você olha para valores isolados e que acontecem uma vez, não enxerga a importância da repetição desse valor por um período mais longo.

Por exemplo, se você gasta R$ 20 reais por dia para almoçar fora, são R$ 400 reais por mês e R$ 4.800 reais ao ano. Quanto você gastaria se levasse comida de casa? Metade disto, além de comer de maneira mais saudável, sobrar tempo para fazer algo que o agrade e ainda fazer uma dieta alimentar balanceada. Então, você economiza R$ 2.400 reais, comendo melhor e economizando tempo. Faz sentido? Pois bem, e se adquirisse esse hábito e o mantivesse por 10 anos? Isso representaria R$ 24.000 reais em valores atuais.

Este é um exemplo de economia, mas também é válido para receitas. Imagine se você desenvolver uma atividade extra que lhe renda R$ 500 reais a mais por mês, isso representará R$ 6.000 reais no final de um ano e R$ 60.000 no final de 10 anos.

Isso ajudará você a fazer seu planejamento a médio e longo prazo e alinhar seus esforços aos seus objetivos.

19 de fevereiro

50. SONHE GRANDE, MAS TAMBÉM SONHE PEQUENO

É normal começarmos um projeto muito empolgados, mas sabemos que, para ter resultados positivos, precisamos de consistência e, quando um resultado é de longo prazo, tem uma tendência de abandono no meio do caminho, antes dos maiores resultados aparecerem.

Então, aqui vai a solução: estamos falando de microrresultados, sendo assim é importante que tenha os grandes objetivos e lute até os braços caírem por eles, mas deve reservar um pouco dos seus recursos para resultados e comemorações menores.

Por isso, estabeleça seus grandes objetivos e também metas menores e de mais rápida realização, como, por exemplo, uma viagem de carro com a família. Para isso, guardará mensalmente um valor e fará a viagem apenas quando tiver juntado o dinheiro necessário. Detalhe, logicamente nada de reservar antes, usar cartão de crédito ou gastar antecipado. Desfrute como um prêmio pela mudança de hábito e comemore sozinho ou, se for o caso, com sua família. Isso manterá seu comprometimento e empolgação elevados para seguir em busca de mudanças.

20 de fevereiro

51. INVISTA EM AÇÕES

Aqui está um segredo de prosperidade no qual, quanto mais cedo começar, maiores serão os benefícios.

Reserve mensalmente uma parte dos seus recursos e invista em ações. Logicamente você precisará buscar orientação e estudar sobre o tema. Mas é certo que, no médio e longo prazos, o mercado de ações pode lhe trazer bons retornos.

21 de fevereiro
52. COMPREENDA AS SUAS EMOÇÕES

Como gerir bem as emoções pode estar diretamente relacionado às finanças? Segundo o Estoicismo – filosofia consagrada na Grécia e Roma antigas –, este é um dos primeiros passos para entender as decisões tomadas em relação ao dinheiro.

Diante disso, procure sempre entender como as suas emoções – tais como a ganância e o medo – estão refletindo principalmente em seus hábitos de consumo. Quando conseguir controlar essas emoções, começará a tomar decisões mais sábias sobre suas finanças, evitando o que é supérfluo e priorizando somente o que é fundamental.

22 de fevereiro
53. ECONOMIZE SEMPRE E GASTE DINHEIRO NAS COISAS CERTAS

Jeff Bezos, criador da *Amazon* e um dos homens mais ricos do mundo, tem o hábito de não desperdiçar dinheiro. Em 1999, a mesa da sala de Bezos era uma porta de madeira antiga apoiada em quatro pés de madeira.

Certa vez, durante uma entrevista, o empresário chegou a ser questionado por que não comprava uma mesa nova. Prontamente, ele respondeu que a mesa era um símbolo de como gastar em coisas que são importantes para os consumidores e não gastar em coisas que não importam.

Com esse conceito, Jeff Bezos instituiu a redução de custos como parte fundamental da cultura de sua empresa. Para completar, os funcionários que são capazes de identificar as áreas onde é possível economizar e cortar custos recebem o prêmio "Door Desk", uma referência à mesa de Jeff.

23 de fevereiro
54. MESMO COM PEQUENOS VALORES, INVISTA!

Você não precisa ganhar enormes salários ou ter uma grande quantidade de dinheiro para se tornar um investidor de sucesso. Segundo

Warren Buffett, acionista e diretor-executivo da Berkshire Hathaway, "com um pouco de dinheiro, já é possível virar um investidor".

Se você tem o seu próprio negócio, tenha o hábito de investir parte do seu lucro para que tenha retorno, a fim de aperfeiçoar os seus negócios.

Warren Buffett usou essa estratégia desde o início: ele e um amigo compraram uma máquina de "pinball" por US $25 dólares naquela época e decidiram colocá-la em uma barbearia local. Quando o dinheiro começou a chegar, em vez de gastá-lo (que é o que a grande maioria faz), compraram mais máquinas de pinball. Na sequência, Buffet usou esse lucro para iniciar um outro negócio, que gerou outro e mais outro...

24 de fevereiro
55. TENHA UMA RESERVA DE EMERGÊNCIA!

Acredite, a reserva de emergência não é papo de economista, ela traz segurança e evita que você passe dificuldades no dia a dia.

Nada mais seguro do que você ter um valor investido em algum local que possa sacar com rapidez ou guardar para utilizar em momentos de necessidade. Pode ser uma demissão, um momento de crise econômica, algum caso de doença, um carro quebrado, entre outros apuros. É realmente uma reserva para momentos de dificuldades e que o ajuda a não fechar o mês no vermelho.

De acordo com um estudo da *Fintech Neon*, o número de pessoas que passou reservar dinheiro para formar um fundo de emergência aumentou de 44% em abril de 2020 para 57% em junho de 2021.

Uma boa dica é ter uma reserva de seis meses do seu custo de vida. Portanto, crie o hábito de reservar parte dos ganhos mensais para esse fundo. Corte alguns supérfluos e priorize esse planejamento essencial para viver dias mais seguros e tranquilos.

25 de fevereiro
56. EDUCAÇÃO FINANCEIRA É ESSENCIAL!

Se todos tivessem educação financeira desde a infância, com certeza, as pessoas poderiam sonhar com condições melhores. A educação financeira é liberdade, é saber organizar as finanças, administrar os gastos e planejar o futuro.

Explicando com as palavras da Organização Para Cooperação e Desenvolvimento Econômico (OCDE), a educação financeira é o processo que permite melhorar a compreensão em relação a produtos e serviços financeiros, tornando-se capaz de fazer escolhas com informação.

Saber o quanto ganha, viver um degrau abaixo disso, poupar, estabelecer metas a curto e longo prazos, ter uma reserva de emergência, evitar dívidas... Quando se tem educação financeira, fica mais fácil administrar a sua vida e construir um futuro melhor e mais confortável para você e sua família.

Se você ainda não tem este hábito, comece já e repasse esse conhecimento para as pessoas mais novas de sua família. Muitas escolas já estão adotando essa prática como uma disciplina do currículo escolar. As crianças, por exemplo, podem criar sua pequena reserva para conseguir comprar o jogo ou um brinquedo que tanto desejam. Aos poucos, elas absorvem a ideia da importância do "poupar" um pouco a cada dia.

26 de fevereiro
57. CONTROLE SEUS IMPULSOS!

Estou feliz, vou comprar algo para me presentar! Estou triste, vou comprar algo para me consolar. Quem nunca?! O fato é que essa compulsão por compras é um grande perigo para a saúde financeira.

A compra por impulso, como o nome já indica, é quando a pessoa toma uma decisão sem pensar muito. Esses gatilhos de compra, geralmente, estão associados a sentimentos e emoções.

Você precisa daquilo? Realmente é necessário fazer a compra? Quando você se questiona antes, as chances de consumir por impulso reduzem bastante. Analise sua fatura do cartão, seu saldo no banco e reflita: aquele prazer momentâneo vai valer a pena? É um dinheiro que vai fazer falta em algum plano futuro? Esse hábito vai ajudá-lo a exercitar o autocontrole e poupar o seu dinheiro.

27 de fevereiro
58. CUIDE DOS PEQUENOS GASTOS DO DIA A DIA

Quem já não se viu nestas situações: "Ah, só vou comprar um sorvetinho"; "Ah, só é um par de meias novas...". Preencha como quiser essas ações do cotidiano, as quais parecem não pesar no orçamento mensal, mas pesam... e muito!

Acredite, cada pequena decisão de compra tomada por impulso terá um preço, e, no montante do mês, garantirá um valor alto. Os "apenas R$ 5,00 por dia" equivalem a R$ 150,00 por mês e R$ 1.800 ao ano.

Questione-se sempre antes de uma compra: "Eu realmente preciso comprar isso agora?". Com este hábito consolidado, você verá como é possível rentabilizar muito mais.

28 de fevereiro
59. NÃO GASTE MAIS DO QUE VOCÊ GANHA

Para conseguir isso, o primeiro passo é ter o controle de suas finanças, saber o quanto ganha, quais são as suas despesas e até criar metas financeiras. Com o seu controle em mãos, desenvolva um plano de gastos e, se for preciso, corte despesas que pesam ou não fazem sentido. Depois é só ir mantendo, poupando e tendo o seu controle financeiro.

Busque alternativas para aumentar os seus rendimentos, construir patrimônio, montar sua carteira de renda passiva e monitorar para que seus gastos não sejam maiores que seus rendimentos. Conquiste e desfrute.

1º de março
60. MANTENHA OS IMPOSTOS EM DIA

Se existe um fato é que todos nós vamos pagar impostos mais cedo ou mais tarde. É uma das burocracias da vida adulta, porém, um grande erro é adiá-los, pois, lá na frente, podem ser uma grande dor de cabeça.

A situação financeira nem sempre é das melhores, mas evite atrasar os impostos, pois, além de burocracias, você terá de enfrentar os juros. Para aqueles que devem o imposto de renda, por exemplo, os juros são de 0,33% ao dia, chegando ao limite de 20% do total devido, somando os juros correspondentes à taxa Selic.

Sem contar que a falta de declaração do imposto de renda ainda pode implicar em multas, processo por sonegação de tributos ou até mesmo bloqueios. A falta de declaração pode causar problemas até no seu passaporte.

O melhor a fazer é ter em mente que não existe não declarar impostos. Crie este hábito em sua vida financeira, poupe dinheiro e muitos problemas.

2 de março
61. NÃO PERCA TEMPO TOMANDO DECISÕES COTIDIANAS, FOQUE NO PROGRESSO!

Quantas vezes ficamos presos em questões diárias e o que de fato precisamos trabalhar e evoluir fica para depois?! Tenha o hábito de usar o tempo a favor do seu progresso: cada segundo importa.

Mark Zuckerberg, presidente e CEO da *Meta* (empresa fundada originalmente como *Facebook* em 2004) e considerado, pela *Revista Forbes*, um dos homens mais ricos do mundo, sempre veste as mesmas camisetas cinza e moletons ao longo da semana, mesmo durante o trabalho. Ele não perde tempo preocupado em o que vestir a cada dia. "Eu quero tomar o menor número de decisões possíveis sobre tudo, exceto como servir melhor a comunidade *Meta*", declarou em suas redes.

Faça essa reflexão: quanto tempo você perde diariamente com questões que não o levam a lugar algum?

3 de março
62. NÃO DEIXE O IMPOSTO DE RENDA PARA A ÚLTIMA HORA

Todo ano é a mesma coisa e, quando está chegando no limite da declaração de imposto de renda, você precisa correr, porque deixou para a última hora? A dica para evitar que isso aconteça é criar o hábito de se planejar durante o ano.

A Receita Federal tem um aplicativo de rascunho, no qual você pode preencher a declaração durante o ano e, depois, importar os dados para o programa oficial no período da entrega.

Lembre-se de, durante o ano, priorizar documentos-chave, reunir comprovantes, como os que representem gastos com saúde, documentos que comprovem seu patrimônio, entre outros. Vá adicionando tudo em uma pasta e preenchendo a sua declaração. Dessa forma, quando chegar a hora, você estará tranquilo e organizado. Além disso, não correrá o risco de "acertar as contas" com a Receita Federal de forma incorreta, minimizando custos e até a temida "malha fina".

4 de março

63. NÃO SE APEGUE AO DINHEIRO

Os estoicos – que defendiam a abstinência de emoções destrutivas na Roma e Grécia antigas – acreditavam que o amor ao dinheiro não era um ato saudável. Eles consideravam que era mais importante ser virtuoso e viver uma vida boa do que acumular riqueza.

Ainda segundo esta filosofia, o dinheiro não é uma coisa ruim, porém pode ser usado para bons e maus propósitos. Sendo assim, o hábito principal ensinado por meio desta filosofia é não se apegar ao dinheiro em demasia. Saiba que ele é apenas uma ferramenta que pode ajudar a alcançar os objetivos na sua vida.

5 de março

64. ENTENDA A DIFERENÇA ENTRE SUCESSO E RIQUEZA

É muito comum as pessoas confundirem sucesso e riqueza, porém nem sempre eles andam juntos. Segundo o dicionário, sucesso é "ter êxito em algo", "ter um bom resultado", "conseguir chegar ao fim de uma empreitada".

Por exemplo, sucesso pode ser realizado na sua profissão, ter uma família unida, amigos, enfim, cada pessoa tem uma definição de sucesso. O que é sucesso para mim, pode não ser para você.

Já a riqueza é conseguir acumular dinheiro, conquistar muitos bens, carros de luxo etc. Uma pessoa rica teve sucesso em acumular ganhos. Percebe a diferença?

Ter dinheiro é bom? Sim, mas ter sucesso é o que nos move e nos faz correr atrás dos objetivos diariamente. Cultive bons hábitos que possam lhe trazer a essência do que significa sucesso para você!

6 de março
65. FAÇA O "DETOX DIGITAL"

Entre nas configurações do seu celular e analise quanto tempo você ficou online na última semana, principalmente em redes sociais. Acredite, esse tempo despendido – que em grande maioria não está agregando valor algum – pode acabar com a sua produtividade e, consequentemente, com as suas finanças.

Assim, cultive o hábito de ter horários determinados para dar aquela espiadinha nas redes, ou melhor, desafie-se em ficar pelo menos um dia sem acessar esses aplicativos de relacionamento. Use esse tempo para priorizar atividades que podem lhe garantir rentabilidade. O resultado desse "detox digital" pode ser conferido no saldo positivo da sua conta bancária ao final do mês.

7 de março
66. COLOQUE EM PRÁTICA OS 3R'S

Você sabe o que são os 3R's? É a abreviação de reduza, reutilize e recicle, uma medida criada para que as pessoas reduzam a produção de lixo e também o consumo.

Os 3R's são uma forma de incentivar as pessoas a poluírem menos o meio ambiente adotando um consumo mais consciente.

A redução indica diminuir o lixo e também a emissão de poluentes por meio de um consumo consciente. Por exemplo, em vez de descartar uma roupa, conserte-a para poder utilizá-la por mais tempo. No supermercado, prefira sacolas retornáveis no lugar das plásticas. Em casa, troque os descartáveis por materiais reutilizáveis.

O segundo R é reutilizar, que indica que você pode dar uma nova utilidade para algo que seria jogado fora. Você pode reaproveitar latas, garrafas plásticas, água etc.

Já o reciclar é transformar um produto que não pode ser mais utilizado em algo novo. Por exemplo: papéis velhos podem se tornar papel reciclado, retalhos de tecidos podem virar uma peça nova, entre outros.

Cultive o hábito dos 3R's e ajude não apenas o seu bolso, como também a sustentabilidade do planeta!

8 de março

67. NÃO COLOQUE TODOS OS OVOS EM UMA MESMA CESTA

Diversificar os investimentos se faz necessário. Até porque se, em algum investimento, você tiver perdas, em outros, poderá ter lucros. O empresário mexicano Carlos Slim, fundador do Grupo Carso e dono da empresa América Móvil, tem o hábito de fazer investimentos diversificados. Tem uma carteira de aplicações variadas, mas não entra em detalhes sobre em quais locais investe seus recursos.

Slim apenas anuncia quando deixa de investir ou migra recursos aplicados quando é obrigado por lei. "A riqueza é como um pomar. O que você tem a fazer é fazê-la crescer, reinvestir para torná-la maior, sempre diversificando em outras áreas", declara o empresário.

9 de março

68. PARE DE VIVER DE APARÊNCIAS

Acredite, não adianta querer elevar o padrão de vida, se a conta ainda não fecha! Por que andar com o celular mais moderno, porém parcelado em 12 vezes? Ou, então, ostentar o carro do ano, contudo financiado em 48 meses ou mais?

A sua vontade de manter o padrão só faz você gastar mais e mais. A realidade é bem mais direta e complicada: a possibilidade de ter tudo isso podendo se bancar (de verdade) fica cada vez mais distante, e isso afasta você da tão sonhada independência financeira.

Assim, tenha o hábito de "não dar o passo maior do que a perna". Organize sempre a sua vida financeira e, quando esta estiver alinhada, pense em comprar algo que deseja.

10 de março

69. SEJA 0,1% MELHOR TODOS OS DIAS

Não crie a ilusão que você cuidará de suas finanças com toda maestria e propriedade da noite para o dia. Cultivar novos hábitos para cuidar melhor do seu dinheiro é um processo. É necessário estudar dia a dia sobre investimentos, saber avaliar as melhores oportunidades, controlar seus impulsos e por aí vai!

Tudo depende da sua dedicação e disciplina para construir os resultados tão esperados. Contudo, se você for 0,1% melhor todos os dias na gestão das suas finanças, já será um enorme resultado.

Se hoje você tem zero reais – ou está até negativado – e conseguir chegar a poupar R$ 10 mil reais ao longo de um ano, por exemplo, já estará em um caminho muito próspero. Passo a passo, você constrói a situação financeira tão sonhada.

11 de março

70. INVISTA EM ATIVOS, E NÃO EM PASSIVOS

Warren Buffet, presidente e principal acionista da *Berkshire Hathaway*, empresa de investimentos fundada na década de 60 e que, atualmente, detém participações em dezenas de companhias como *Apple, Coca-Cola, Visa* e *Kraft-Heinz*, tem o hábito de fazer investimentos em ativos, ou seja, ações, empresas e imóveis, a fim de gerar mais renda. E não compre passivos que são mansões, iates e carros luxuosos, à medida que você conseguir prosperar.

Não pense você que Warren Buffett faz isso porque é bilionário. Assim como os demais homens mais ricos do planeta, ele fez exatamente o contrário: eles são bilionários porque, desde o início, investem o que ganham em locais que geram valor.

12 de março

71. NÃO TRATE DINHEIRO COM DESDÉM

Existem alguns hábitos financeiros que você deve excluir o quanto antes de sua vida, tais como pagar juros de uma conta vencida, parcelar a fatura do cartão ou não pedir o troco, porque "era pouco demais". Essas atitudes revelam que o valor do dinheiro não é considerado como deveria. É como se você deixasse a torneira aberta pingando o mês inteiro...

O que parece pouco, no final, se transforma em um montante que poderia ser aplicado em algum investimento. Sendo assim, crie o hábito de dar valor a cada centavo do que ganha.

13 de março

72. LEVE "PORRADA NA CARA"

Milionários aprenderam, na marra, a levarem "porrada na cara" – claro que no sentido metafórico. Tornar-se um profissional bem-sucedido não é fácil, realmente não é fácil e nem simples.

Para conquistarmos todos os nossos objetivos, é necessário ter coragem, atitude, persistência e muita resiliência. Os milionários desenvolveram, contra suas vontades, o hábito de enfrentar inúmeros desafios, porém, levantar e seguir em frente rumo ao sucesso. Tenha sempre em mente os seus objetivos financeiros e trabalhe em prol deles, mesmo diante das circunstâncias mais difíceis.

Acredite, durante sua trajetória, você irá parar, chorar, pensar em desistir... e terá a escolha de persistir ou então dar o ponto final.

14 de março

73. RESISTA ÀS PROMOÇÕES

Não compre somente porque está barato ou porque o preço parece muito irresistível! Ao criar na sua cabeça a desculpa de que "o preço nunca mais será tão atraente", você deixa a emoção tomar conta e cai na tentação. Outras pessoas já usam a frase "mas eu trabalho tanto, então eu mereço!". Ao fazer isso, todo o seu planejamento financeiro vai por água abaixo...

Nesse sentido, preço não é tudo. Na verdade, ele é parte importante da equação, mas não é a variável mais sensível quando se trata de educação financeira. O hábito deve ser o padrão de vida possível, e não pagar o mais barato possível.

Lembre-se: pagar mais barato não é sinônimo de economizar. A meta deve ser a estabilização financeira e fazer o dinheiro trabalhar para você com os investimentos.

15 de março

74. ADOTE O "MINUTO DO DINHEIRO"

Você evita olhar o extrato bancário com medo da situação? Então, crie o hábito do "minuto do dinheiro": são 60 segundos ao dia dedicados à conferência de seus saldos, últimas transações e progressos em direção às metas financeiras.

Assim, você estará sempre atualizado sobre sua situação financeira e nunca mais será surpreendido, além de manter o controle sobre o orçamento e acompanhar os investimentos.

Agora é a sua vez de colocar seus conhecimentos em prática! Marque os hábitos que já conquistou e os que almeja alcançar. Se preferir, trace um plano para conquistar suas próximas metas.

FELICIDADE

16 de março

75. VIVA O HOJE

Quantas vezes esperamos por um dia especial? Na correria do dia a dia, olhamos o caminho todo para baixo, sempre para o celular, esquecendo de contemplar as paisagens, o céu e quem está ao nosso lado.

Ocasião especial é todo dia que se vive. Seja grato pelo seu dia e por tudo o que já fez. Geralmente, temos três momentos na vida. O primeiro é quando somos jovens: temos energia, tempo, mas não muito dinheiro para aproveitar as coisas. Já o segundo momento é quando somos adultos: aí é provável que tenha energia, um pouco mais de dinheiro, mas sem tempo diante da correria da vida. E o terceiro é quando somos mais velhos e aumentamos a possibilidade de ter tempo e um pouco de dinheiro para nós mesmos, porém já não temos energia para desfrutar como gostaríamos.

Por isso, aproveite o hoje! Sempre vai faltar alguma coisa, sempre você não terá algo: ou será dinheiro, ou tempo ou até disposição. Crie o hábito de ser feliz em meio à sua rotina diária. Viva o hoje!

17 de março

76. PERMITA-SE SER FELIZ!

Algumas pessoas tratam a felicidade como algo que está muito distante. Isso porque condicionam a estar feliz com determinadas circunstâncias. "No dia que eu conseguir aquilo, e vou ser feliz!" Acredite, na grande maioria das vezes, a felicidade está no processo e na construção, e não na chegada.

Crie o hábito de estar bem consigo mesmo em primeiro lugar, independentemente de condições externas. Assim, tudo o que acontecer virá para agregar, e não para preencher um possível vazio. Permita-se ser feliz! Se parar para pensar, encontrará diversos motivos para se alegrar, agradecer e sentir-se realizado com o que já conquistou até aqui.

Siga alguns hábitos diários para dar aquela forcinha para a felicidade:
- Enxergue o lado bom da vida;
- Tenha uma rotina equilibrada;
- Fortaleça as memórias positivas;
- Seja gentil com os outros;
- Reconheça as próprias emoções;
- Valorize as suas experiências!

18 de março
77. ENERGIA É OURO

Desenvolva a capacidade de aproveitar para o seu bem toda a forma de energia.

Estamos acostumados a nos sentirmos bem quando nos deparamos com alguém ou alguma situação na qual recebemos uma energia positiva, e isso nos impulsiona e nos faz bem.

Contudo, acabamos bloqueando, até com o objetivo de autopreservação, quando recebemos alguma energia negativa. Pensamos em logo nos afastar, mas não pensamos em aproveitar essa energia e usá-la como trampolim. E assim como o barco a vela usa o vento contrário, você também pode usar a energia negativa para se impulsionar e ganhar alta velocidade.

19 de março
78. ENCONTRE FELICIDADE NO SUCESSO ALHEIO

Construa o hábito de ficar feliz com o sucesso do outro. Pessoas bem-sucedidas se comparam com aqueles que estão em uma situação melhor. No entanto, eles fazem isso em uma perspectiva de admiração e competição positiva.

Identifique nos outros habilidades e talentos que não possui e trabalhe para desenvolvê-los, porém não de forma competitiva ou ciumenta.

Pessoas de sucesso são cientes dos efeitos adversos que derivam da inveja e do ressentimento. Elas competem exclusivamente com a melhor versão de si mesmos. Nunca com os outros. Elas possuem modelos, não rivais.

20 de março

79. DOMINE SUA HABILIDADE PREFERIDA

Estudar para melhorar uma habilidade que já possui pode aumentar o estresse em um curto período de tempo. Contudo, faz com que as pessoas fiquem mais felizes no longo prazo. Em grande maioria, desistimos de objetivos porque são estressantes, mas podemos descobrir que há um benefício ao concluir a meta de aperfeiçoar uma habilidade que já possuímos.

Analise seus pontos fortes e priorize aperfeiçoá-los ainda mais. No início, a "recompensa" não será imediata, porém, ao chegar no ápice do aperfeiçoamento, enxergará o seu grande diferencial e o que este pode proporcionar em sua vida. Quando isso acontecer, uma "explosão" de felicidade e um sentimento de "Eu consegui!" invadirá o seu coração!

21 de março

80. PARTICIPE DE ATIVIDADES CULTURAIS

Visitar um museu, assistir a um concerto ou ir a uma atividade cultural pode melhorar o seu humor. Uma pesquisa que examinou ansiedade, depressão e satisfação com a vida em 50 mil adultos na Noruega apontou que as pessoas que participaram de mais atividades culturais relataram menores níveis de ansiedade e depressão, assim como maior satisfação geral com a vida.

Diante dessa pesquisa, crie o hábito de sempre visitar lugares novos, principalmente aqueles que podem agregar valor e conhecimento.

22 de março

81. MÃOS NA TERRA

Você sabia que sentir o cheiro de terra molhada pode melhorar o seu humor? E mexer nesta terra pode potencializar ainda mais a sensação de felicidade? Uma pesquisa da Universidade de Bristol, na Inglaterra, revelou que uma bactéria comumente encontrada no solo produz um efeito similar ao de drogas antidepressivas. A bactéria – chamada *Mycobacterium Vaccae* – é inofensiva e estimula a produção de serotonina no cérebro.

O contato direto com a natureza é algo que deve fazer parte da vida de qualquer ser humano. Tenha o hábito de fazer trilhas ao ar livre, respirar um ar mais leve e sentir a textura da terra molhada entre seus dedos.

23 de março
82. DEVOLVA!

Quando ajudamos o próximo, os mais beneficiados somos nós mesmos. Um sentimento de felicidade emana da alma quando conseguimos estender a mão a alguém. O autor Tom C. Corley estudou por cinco anos os hábitos das pessoas mais sucedidas e escreveu o livro *"Rich Habits: The Daily Success Habits of Wealthy Individuals"* (Editora Langdon Street Press).

O título da obra significa "Hábitos ricos: os hábitos diários de sucesso de indivíduos ricos". Na abordagem, Corley revela que 73% das pessoas mais ricas são voluntárias em cinco ou mais horas mensais.

Nada aguça mais o sentimento de felicidade do que ajudar os menos afortunados. Devolva!

24 de março
83. NÃO DESPERDICE SUA ENERGIA

Sabe aquelas coisas que acontecem no dia a dia e que são capazes de sugar a nossa energia? Evite-as ao máximo! Nós sabemos que essa não é uma missão das mais fáceis, mas, quando você usa a sua energia apenas com aquilo que lhe faz bem, as coisas fluem diferente.

Alguns sugadores de energia são: conviver com pessoas tóxicas, viver o futuro, ficar remoendo o passado e não perdoar. Tudo isso faz com que você gaste uma energia que poderia estar sendo aproveitada com coisas que você gosta e que vão fazê-lo crescer.

Por isso, crie o hábito de fazer coisas simples, mas que você ama. Pode até ser aquele cafezinho da tarde com um amigo. Busque também desenvolver o seu autoconhecimento e correr atrás de seus sonhos. O resto? Você enfrenta no caminho. Aos poucos, você vai vendo que tem tanta coisa boa para se ocupar, que não vai desperdiçar algo tão precioso, como a sua energia, com coisas pequenas.

25 de março

84. ENCARE OS PROBLEMAS DE FRENTE E APRENDA COM ELES!

Se existe um fato nesta vida é que vamos ter problemas frequentemente. Infelizmente, não dá para fugir, mas é possível encará-los de frente e ter bons aprendizados.

Uma boa dica é olhar para os seus problemas com um olhar de fora. Será que ele é tão grande como parece? Acalme-se, respire e analise. Lembre-se de não gastar as suas energias em vão! Você também pode transformar o seu problema em oportunidade e encará-lo como uma forma de crescimento. Acredite, ser otimista o levará além.

Quando um problema surgir, crie o hábito de tentar buscar a solução sempre em vez de entrar no desespero ou ficar sem agir. Lembre-se: os problemas nos fazem crescer. O desejo de vencer o desafio imposto é o que dará forças para superar mais um obstáculo.

26 de março

85. APRECIE AO MÁXIMO OS BONS MOMENTOS DA VIDA

"Os bons momentos ficam para sempre na memória do coração!" Essa frase de um autor desconhecido diz muito sobre a importância de aproveitar os bons momentos da vida.

Muitas vezes, pautamos a felicidade em coisas grandiosas, como comprar um carro, uma casa, uma grande viagem, mas os pequenos prazeres estão na simplicidade. Uma tarde gostosa acompanhada de quem se ama, um dia ensolarado na praia, comemorar o aniversário de um filho... Esses são momentos que precisam ser curtidos e eternizados.

E é você que tem o poder nas mãos para transformar um momento simples em algo especial. Cultive o hábito de viver esses momentos com intensidade, alegria e por inteiro. Lembre-se de que o presente é o momento mais especial de todos e saber vivê-lo é o que faz a diferença!

27 de março

86. ABRACE, ABRACE MUITO!

Segundo a psicoterapeuta norte-americana, Virginia Satir: "precisamos de quatro abraços por dia para sobreviver, oito abraços por dia para nos manter e doze abraços por dia para crescer!". Com essa afirmação, já dá para entender a importância de abraçar, não é?

Além da sensação de bem-estar e felicidade repentina que um abraço nos dá, ele também traz benefícios para a saúde física e mental. Estudos mostram que os abraços, além de reduzirem os batimentos cardíacos e a pressão sanguínea, podem reduzir o risco de doenças cardíacas. Mas o mais importante é que um simples abraço pode diminuir os níveis de cortisol, o hormônio do estresse. Além disso, o abraço faz o corpo liberar oxitocina, o hormônio da felicidade. Sim, é isso mesmo, naqueles dias em que você acha que só precisa de um abraço, você está certo!

Com tantos benefícios ao corpo e à mente, o que você está esperando para abraçar mais? Distribua abraços e transborde alegria!

28 de março

87. FAÇA SEMPRE UMA AUTOAVALIAÇÃO

Uma autoanálise ou autoavaliação é quando você analisa a si mesmo e define o que deseja mudar ou não no seu comportamento para se tornar uma pessoa melhor. Esse é um processo profundo de autoconhecimento. Quando nos autoanalisamos, conseguimos olhar com cuidado para nossas atitudes e celebrar as pequenas conquistas e transformações.

Durante a autoavaliação, você consegue estabelecer metas para persegui-las. Lembra que já dissemos aqui que, para quem não sabe onde quer chegar, qualquer lugar serve? Pois então, a autoavaliação é importante para que você tenha objetivos para perseguir diariamente e conseguir saborear o gosto da vitória a cada conquista, seja ela grande ou pequena.

29 de março
88. CRIE PLANOS, NÃO EXPECTATIVAS!

Existe uma frase de um autor anônimo que diz o seguinte: "ao diminuir as expectativas, você reduz também suas decepções". É comum ter expectativas, o problema é quando elas se tornam exageradas e acabam causando frustração.

Para evitar que isso aconteça, o segredo é criar o hábito de exercitar a razão para que possa conhecer, compreender e aceitar acontecimentos que, na maioria das vezes, não dependem de você. Que tal ser mais realista e aproveitar o hoje? O segredo está em viver um dia de cada vez.

É possível sonhar? Claro, mas desde que esteja com os pés no chão. Seja resiliente e adaptável, lembre-se de que as coisas podem mudar o tempo todo! Esta é a beleza da vida. E se não podemos controlar certos acontecimentos, por que sofrer com isso? Reflita!

30 de março
89. TOME SUAS DECISÕES

Fazer escolhas é algo extremamente natural e inevitável, tanto que, quando você resolve não escolher entre as opções que a vida lhe apresenta, você também está fazendo uma escolha.

Há uma frase de Cora Coralina que diz: "Mesmo quando tudo parece desabar, cabe a mim decidir entre rir ou chorar, ir ou ficar, desistir ou lutar; porque descobri, no caminho incerto da vida, que o mais importante é o decidir".

Escolher é priorizar algo com a certeza de que terá alguma perda ou ganho. O importante ao fazer uma escolha é ter o hábito de refletir, colocar prós e contras na balança e estar alinhado com os seus valores e crenças. Nem sempre faremos a escolha certa, há momentos em que iremos para o caminho errado e o importante é tirar algum aprendizado disso.

31 de março
90. APRENDA COM SEUS ERROS E SIGA EM FRENTE

Se tem um sentimento que é cruel é o da culpa, aquela sensação de impotência, de ter cometido um erro. Ficamos remoendo por dias e dias essa culpa. E não tem jeito, uma hora ou outra seremos acometidos por ela. O segredo é descobrir como lidar com isso da melhor forma.

E a principal dica é praticar o autoperdão. Precisamos ser menos duros conosco e lembrar que somos seres humanos e podemos falhar em qualquer momento. Os erros cometidos no passado, por exemplo, podem não ser mais repetidos, pois você já não é o mesmo, é muito mais maduro.

Não será do dia para a noite que você vai se culpar menos, é preciso criar esse hábito para a sua vida. No entanto, quando você pega mais leve consigo, aos poucos, vai seguindo a vida e deixando esse sentimento para trás. Lembre-se de viver o presente.

1º de abril

91. SUA FELICIDADE SÓ DEPENDE DE UMA PESSOA, VOCÊ!

Sabe aquela história de que só com outra pessoa você será feliz porque o outro irá completá-lo? Ou de que só quando você tiver tal coisa vai ser feliz? Isso deve ficar no passado! A sua felicidade é algo muito precioso para você colocar nas mãos dos outros ou em coisas.

Nós não podemos controlar o que os outros sentem, apenas o que nós sentimos. Quando nos prendemos a pessoas e coisas para nos sentirmos plenos, adiamos a nossa felicidade. E a vida vai passando... mas é preciso viver o agora! Você já foi feliz hoje?

Construa o hábito de fazer coisas que lhe tragam sensação de bem-estar, divirta-se, esteja com os amigos, corra atrás dos seus sonhos e viva cada momento com intensidade. Quando você faz por si, não cria expectativas irreais e vive o hoje, o que é um bom passo para encontrar a sua felicidade.

2 de abril

92. FAÇA AS ATIVIDADES QUE VOCÊ FAZ QUANDO ESTÁ FELIZ (MESMO QUE NÃO ESTEJA!)

Experimentar emoções positivas é uma boa estratégia para neutralizar sentimentos negativos. Isso porque emoções positivas podem ajudar pessoas que se sentem presas a sentimentos, pensamentos e comportamentos negativos – como luto, pessimismo ou solidão.

Sendo assim, mesmo que esteja triste, pense no que faria se você estivesse muito feliz e faça isso. É preciso romper a barreira interior e se permitir dar um aconchego para a alma.

3 de abril

93. SEJA UM REALISTA OTIMISTA

As pessoas de atitudes positivas e otimistas – porém que têm uma visão racional e realista – tendem a ter mais sucesso e a ser mais felizes do que as outras. Isso acontece porque as pessoas "realistas otimistas" têm o equilíbrio perfeito de personalidade para alcançar o sucesso.

Diferentemente dos sonhadores, essas pessoas que têm o hábito de pensar positivamente, mas com os pés no chão, são mais propensas a enfrentar desafios com uma visão mais clara da realidade. Além disso, conseguem usar a criatividade e têm a atitude positiva para encontrar sempre soluções possíveis.

A vida é uma selva! Encare-a com respeito e otimismo, mas esteja certo que nem tudo virá fácil demais...

Agora é a sua vez de colocar seus conhecimentos em prática!
Marque os hábitos que já conquistou e os que almeja alcançar.
Se preferir, trace um plano para conquistar suas próximas metas.

_____
_____
_____
_____
_____
_____
_____

NEGÓCIOS

4 de abril

94. TRABALHE DURO

Bernard Arnault, o francês da *Louis Vuitton*, com patrimônio estimado em US $188 bilhões de dólares, tem como hábito trabalhar duro! Ninguém fica bilionário sem trabalhar arduamente em busca de um sonho, de acordo com um dos homens mais ricos do mundo.

Para você ter ideia, há mais de 30 anos, Bernard passa todos os sábados visitando entre 20 e 25 lojas, tanto da sua marca, quanto de marcas concorrentes. Exatamente isso: ele é o dono da empresa mais poderosa de bolsas e malas de viagem do mundo e não designa ninguém para fazer isso. O foco é sempre estudar as inovações e aperfeiçoar os resultados. "Tenho esse hábito e com muito prazer!", revela Bernard Arnault.

5 de abril

95. FAÇA O DINHEIRO TRABALHAR POR VOCÊ

Pessoas bem-sucedidas não gastam seu dinheiro com coisas luxuosas que elas podem consumir e ostentar. Com o dinheiro conquistado, o ideal é fazer investimentos para gerar o fluxo de renda constante.

Pense nessa situação: duas pessoas ganham os mesmos R$ 100 mil reais. A primeira fica empolgada e compra uma *Land Rover* imediatamente. Logo que ela sai da concessionária, o valor do automóvel começa a cair. Em média, a desvalorização de um carro é de 10% ao ano. Isso quer dizer que, anualmente, essa pessoa perderá R$ 10 mil, sem contar os 20% que perdeu só de tirar o carro da loja.

Já a segunda pessoa investe, por exemplo, em bons fundos imobiliários, sempre reinvestindo os rendimentos em novos investimentos. Daqui 15 anos, ela terá, em média, quatro vezes o valor inicial, chegando a R$ 400 mil reais. Mais estabilizada com os rendimentos, ela vai e compra então a mesma *Land Rover*, com a diferença que ela consegue arcar com todos os custos que este automóvel gera e sem ter prejuízo!

6 de abril
96. FINALIZE E ENTREGUE RESULTADO

Lembre-se de que o trabalho, no final do dia, é resultado. Concentre-se em gerar resultado em seus projetos ou suas ações, coloque objetivo em números, data para finalizá-los e estabeleça meios para medir os resultados, mas finalize-os! A partir disso, decida se deve continuar, melhorar ou desistir daquela ideia, mas não deixe coisas inacabadas pelo caminho.

7 de abril
97. *NETWORKING*: ALIANÇAS PODEROSAS

Você sabe o que é *networking*? É a capacidade de profissionais e empresas formarem uma rede de contatos com interesses similares, aproximando outros players do mercado que têm potencial para se tornarem possíveis parceiros.

Muitas pessoas associam erroneamente o networking profissional a uma grande lista de contatos na área de atuação – isso não é necessariamente o que você necessita para o sucesso.

Criar o hábito do networking bem-feito é tratado como uma boa estratégia de mercado. Envolve mapear os contatos mais relevantes para a sua realidade, manter uma rotina de relacionamento objetivo com eles e sempre buscar nesses contatos oportunidades de inovação.

8 de abril
98. APRENDA CONSTANTEMENTE

O aprendizado não deve ser finalizado ao término da escola ou de um nível superior. Pessoas bem-sucedidas aprendem constantemente. Aprimore-se sempre, seja por meio de leituras, seja por novos cursos de aperfeiçoamento.

A sua agenda semanal deve ter espaço para os estudos. Esteja de olho no mercado, acompanhando as constantes evoluções, e dedique-se a se atualizar. Lembre-se: um avião – por mais potente que seja –, para se manter no alto, precisa estar em movimento. Caso ele pare, a queda será desastrosa.

9 de abril
99. MODELE-SE: SEU MAIOR PROJETO É VOCÊ!

Não acredite que suas virtudes ou seus defeitos nasceram com você, ou foram programados por alguma força superior ou, até mesmo, do acaso, para serem incorporados às suas características.

É certo que você tem maiores ou menores aptidões que podem ser mais facilmente desenvolvidas. Por exemplo, Michael Phelps, nadador norte-americano considerado o maior medalhista olímpico da história e recordista mundial até o fechamento desta obra, tem um corpo com características fora do comum, e o que poderia ser um problema de adequação social, o capacitou para se transformar em uma lenda no esporte.

Mesmo assim, isso não aconteceria se ele não se dedicasse e se esforçasse com treinamentos exaustivos para desenvolver suas habilidades.

Você tem o livre-arbítrio de fazer e ser o que acha correto. Então, assim como você sonha e planeja realizar projetos no plano físico, planeje construir quem você deseja ser. Busque incorporar valores e hábitos que elevem você às condições de uma pessoa que você admira. Estude as grandes personalidades da nossa história e incorpore características boas. Isso mesmo, copie, ou melhor, modele para você bons hábitos.

Você é o maior projeto e a sua maior realização da sua vida. Viva uma vida repleta e construa um legado memorável!

10 de abril
100. CRIE VALOR PARA OUTRAS PESSOAS

O ator Will Smith afirma: "Se você não está fazendo a vida de alguém melhor, você está perdendo o seu tempo". Dinheiro é consequência de ajudar outras pessoas. O nível de riqueza de um indivíduo é diretamente proporcional ao número de pessoas que ele ajuda.

A criação de um produto inovador deve, acima de tudo, beneficiar outros indivíduos. Por exemplo, a invenção da Internet: como ajudou pequenos empresários a terem uma comunicação mais assertiva, sem contar que diminui consideravelmente a saudade entre as pessoas que se amam – mesmo que seja um contato virtual. Enfim, foram inúmeros benefícios gerados.

Por isso, sempre pense em produtos ou serviços que agreguem valor às pessoas. Aliás, a melhor forma de atrair a atenção de um indivíduo – seja para um negócio ou até na vida pessoal – é proporcionando algum valor a ele.

Prova disso é a performance de Elon Musk – um grande empreendedor sul-africano naturalizado norte-americano que já possui papéis importantes em empresas de renome. É dono do *Twitter* e presidente da *Tesla*. Considerado pela revista *Forbes* um dos homens mais ricos do mundo, focou seus esforços na criação de bons carros para o meio ambiente e em energia sustentável.

11 de abril
101. MONTE UMA GRANDE EQUIPE

Para alcançar resultados maiores, você pode montar uma equipe para liderar! Contudo, contrate as pessoas certas! Recrutar pessoas que não têm o perfil que necessita pode gerar prejuízos catastróficos em dinheiro e tempo.

Então, tenha o hábito de sempre entrevistar pessoalmente os candidatos à sua equipe, para garantir que as pessoas estejam de acordo com as suas necessidades e sua visão.

Se você é um líder empresarial ou um empreendedor que tem como meta expandir seus negócios, essa é uma dica valiosa para o sucesso.

12 de abril
102. TENHA UM TEMPO LIVRE FORA DOS NEGÓCIOS

Mark Zuckerberg, fundador do *Facebook*, com patrimônio estimado em US $37,2 bilhões de dólares, tem o hábito de manter um tempo livre para fazer o que gosta. Quem trabalha com Mark já sabe: às quartas-feiras, ele não responde a e-mails, não faz reuniões e não está disponível para nada, além de uma emergência de vida.

Mark, assim como outros bilionários, não preenchem toda a sua agenda. O hábito de ter um tempo para si mesmo é o que o impulsiona a ir sempre além. Ele ainda aproveita esse tempo livre para ter novas ideias e refletir sobre novas rotas.

Bill Gates, fundador da *Microsoft*, também cultiva este hábito, porém ele reserva 1 semana por semestre para viajar e apenas estudar e escrever.

13 de abril
103. CUMPRIMENTE A TODOS POR ONDE PASSAR

Além de ser uma excelente forma de ser educado, esse hábito fortalece o seu elo com a equipe, principalmente se for um líder. Contudo, independentemente do papel que você desempenhe, é importante cumprimentar todos os seus colegas, quando chegar ao trabalho.

Lembre-se de que as habilidades pessoais também são essenciais para evoluir no mundo dos negócios. Você pode ter conhecimento técnico sem igual, mas o seu posicionamento pode ampliar ou reduzir o valor das suas habilidades técnicas, além do que um simples contato pode gerar uma forte energia positiva.

14 de abril
104. QUEBRE PROBLEMAS COMPLEXOS EM PARTES

Larry Page, cofundador do *Google*, com patrimônio estimado em US $103 bilhões de dólares, tem por hábito transformar problemas complexos em desafios menores e solucioná-los um a um. Foi isso que ele fez, juntamente ao seu sócio Sergey Brin, na construção do algoritmo original do *Google*, que, na época, já tinha o gigante *Yahoo* como concorrente. O que ele fez foi desconstruir o complexo algoritmo em pequenas partes até montar um que fizesse com que as buscas fossem rápidas e com melhores resultados do que de seus concorrentes.

Larry é engenheiro, então esta habilidade é nata para ele. Contudo, todos podem adotar esse método. Quando tiver grandes desafios no universo dos negócios, quebre-os em partes e tente solucioná-los um a um.

15 de abril
105. BUSQUE CRÍTICAS

Não tenha medo de críticas! Elon Musk também tem o hábito de buscar críticas para aperfeiçoar os seus negócios. Em suas próprias palavras, o empresário afirma: "Busque críticas constantemente! Uma crítica bem pensada do que você está fazendo é tão valiosa quanto ouro".

A crítica benéfica pode mostrar o que está faltando. Sendo assim, peça um *feedback* às pessoas que você confia. Certifique-se também em estar com um estado de espírito bom, a fim de não levar os possíveis retornos negativos para o lado pessoal. Esteja pronto para ouvir e peça total honestidade. Diante dos pontos fracos mencionados em seu negócio, analise: "O que eu posso fazer para aperfeiçoar?".

16 de abril

106. PENSE EM TERMOS DE ABUNDÂNCIA, NÃO NA ESCASSEZ

Existem aquelas pessoas que pensam que existe uma quantia de riqueza limitada pelo mundo. Com esse raciocínio, para alguém ganhar dinheiro, o outro sempre tem que perder. Contudo, não é assim que a economia funciona!

A riqueza pode ser criada! Por exemplo, todo o pó de minério de ferro que é extraído do chão é refinado; toda fruta que é semeada pode ser colhida; e até todo curso que é feito multiplica conhecimentos. É justamente esse processo de criação que faz com que tenhamos métricas para medir o crescimento do PIB (Produto Interno Bruto) de um país. É também esse processo de criação que permite que toda a humanidade possa evoluir.

Assim, não pense que riqueza é como se fosse uma torta, onde você precisa desesperadamente garantir o seu pedaço e algumas migalhas. Se pensar assim, estará vivendo na escassez. Pense na abundância: como você pode adicionar fermento à torta, fazendo com que ela cresça e se multiplique ainda mais!

17 de abril

107. PAGUE POR RESULTADO, E NÃO POR TEMPO

Em grande maioria, pessoas que recebem pelo tempo que trabalham tendem a esticar ao máximo a conclusão de um projeto. Enquanto pessoas que são pagas pelo resultado não possuem interesse nenhum em sua tarefa durar mais do que o necessário.

Pessoas bem-sucedidas querem entregar os melhores resultados possíveis o mais cedo que conseguirem. Por isso mesmo, grandes empresas fazem a concessão de bônus anuais ou semestrais em cumprimento das metas em tempo recorde. É uma forma de motivar os funcionários, por exemplo, a entregar resultados reais à empresa em vez de serem somente remunerados pelo tempo de trabalho.

Sendo assim, crie o hábito de valorizar os resultados obtidos, e não somente o tempo trabalhado.

18 de abril
108. ADMINISTRE SEU TEMPO

Administrar o tempo não é somente para trabalhar ou estudar. Essa gestão deve incluir também todas as áreas da sua vida, como lazer, família, saúde física e psicológica.

Se você aprender a planejar, incluindo todos os aspectos importantes e necessários, conseguirá excluir o desperdício de tempo e, principalmente, o desperdício da sua vida.

Como afirmou o filósofo Arthur Schopenhauer, "as pessoas comuns pensam em apenas como passar o tempo. Uma pessoa inteligente tenta usar o tempo".

19 de abril
109. DEFINA METAS COM OBJETIVOS CLAROS

Se você não tiver metas, acabará em um destino que não planejou estar. Sendo assim, tenha metas para todas as áreas da sua vida, principalmente nos negócios.

Quer ampliar o seu negócio? Logo, tenha a meta de estudar inovações para saber como pode agir.

Jeff Bezos, fundador da Amazon, por exemplo, só estabelece metas tendo objetivos muito claros do que deseja conquistar. Segundo ele – que tem um patrimônio estimado em 186 bilhões de dólares, de acordo com a revista *Forbes* –, de nada adianta ter metas em cima de objetivos duvidosos.

20 de abril
110. EVOLUA NA CRISE

Encare de forma natural os momentos de crise. Afinal, ela faz parte de um processo de crescimento e transformação natural e inevitável, seja pessoal ou social, e está presente em toda a história da humanidade.

A crise aparece num momento onde o modelo existente – que funcionava até então – se desgasta ou perde sua eficiência, deixando de funcionar e exigindo uma transformação.

Muitas vezes, como estamos acomodados com um modelo anterior, mesmo não funcionando mais, preferimos nos agarrar ao decadente conhecido ao se aventurar em desbravar o novo e transformador.

Isso nos fará vítimas das nossas próprias decisões. Toda crise é inegavelmente carregada de oportunidades.

21 de abril
111. O ESTUDO ENOBRECE O HOMEM, JAMAIS PARE!

Albert Einstein já dizia: "Lembre-se de que as pessoas podem tirar tudo de você, menos o seu conhecimento". Ninguém sabe o suficiente a ponto de parar de estudar. As coisas mudam o tempo todo; e o estudo o ajuda a se manter atualizado e qualificado.

No dia a dia, vamos fazendo as coisas no automático e acabamos deixando o estudo para depois, mas a dica para nunca parar de estudar é manter o hábito do estudo entre as suas prioridades. Faça uma reserva financeira para investir em cursos, mantenha livros no seu radar e dedique um tempo diário para a leitura. Dessa forma, você não vai parar de estudar nunca.

Entre os benefícios de estudar está a chance de ter posições melhores no trabalho, o que ajuda a incrementar a sua renda. Segundo uma pesquisa realizada pela Fundação Getúlio Vargas, a cada ano de estudo, seu salário pode subir 15%. Além disso, o estudo também traz liberdade, pois você fica mais confiante para tomar decisões.

Organize-se e inclua já o estudo como uma das suas prioridades diárias.

22 de abril
112. FOQUE NO PENSAMENTO POSITIVO!

Acredite, o pensamento positivo é poderoso e pode fazer bem até para a sua saúde. De acordo com o jornal *Chicago Tribune*, um estudo realizado pela Universidade de Duke, nos Estados Unidos, constatou que as emoções positivas podem tornar uma pessoa mais saudável.

O pensamento positivo traz inúmeros benefícios à vida e o ajuda a lutar pelos seus objetivos para conquistá-los, mas lembre-se de que saber lidar com o fracasso faz parte e também traz aprendizados, o que não é legal é ser dominado pelo negativismo.

A boa notícia é que o otimismo é algo que pode ser treinado, pois é uma habilidade, e a melhor maneira de treiná-la é por meio da reflexão. Se você tem dificuldades para ser otimista, a dica é sempre focar no seu objetivo maior e não deixar que os obstáculos o impeçam de conquistá-lo, agora, se o seu pessimismo for frequente, busque um psicólogo para que ele o ajude a treinar essa habilidade que fará toda a diferença na sua vida.

23 de abril
113. ANTES DE FAZER UMA SOCIEDADE, ANALISE SE É PARA VOCÊ

Pensou em abrir um negócio, mas não sabe se é para você ter um sócio? É sempre bom pensar antes, pois, como tudo na vida, tem suas vantagens e desvantagens.

Antes de seguir, é preciso entender que a sociedade é uma parceria entre duas ou mais pessoas para exercerem uma atividade econômica.

Entre as vantagens de uma sociedade, temos a possibilidade de unir esforços, investimentos e também as responsabilidades com uma pessoa que tem os mesmos propósitos que você. Já entre as desvantagens estão os conflitos que podem ocorrer, afinal, como em qualquer outro relacionamento, terão momentos difíceis e muito desafiadores. Como as decisões devem ser tomadas em conjunto, pode ocorrer de os sócios nem sempre estarem em sintonia.

Crie o hábito de sempre analisar os prós e contras de uma determinada situação. Pense com calma e sem pressão, pois só assim será possível tomar decisões assertivas.

24 de abril

114. NÃO TENTE ABRAÇAR O MUNDO, APRENDA A DELEGAR!

Quantas vezes você já se sentiu sobrecarregado no trabalho por ter de dar conta de muitas coisas ao mesmo tempo? Se isso anda sendo frequente na sua vida, é sinal de que está precisando aprender a delegar. Quando você delega, divide as responsabilidades com os outros funcionários e, com isso, todos ganham. Os colaboradores se sentem mais confiantes e motivados, eles têm espaço para desenvolver suas habilidades, e você tem mais tempo para se dedicar a outras etapas dos processos que realmente necessitam de você.

Segundo um artigo da *LifeHack*, um dos principais benefícios de delegar tarefas é aumentar a produtividade da equipe. Contudo, como fazer isso no dia a dia?

O primeiro passo é conhecer todos os processos da empresa para que possa orientar a equipe, depois, analise as habilidades dos colaboradores para verificar quem pode executar determinada tarefa com excelência. Foque sempre nos pontos fortes de cada um! Outro passo é orientar de forma adequada e se colocar à disposição para esclarecer eventuais dúvidas. No dia a dia, ofereça *feedbacks*, já que isso é muito importante para a evolução de todos.

Com uma delegação correta, todos ganham na rotina da empresa, porém lembre-se de que, ao delegar, você não está se desligando de uma tarefa. Sempre que necessário, oriente, esclareça dúvidas e acompanhe cada um de forma contínua.

25 de abril

115. UM AMBIENTE DE TRABALHO PRECISA SER ORGANIZADO. CAPRICHE!

Se existem duas coisas que não combinam são: bagunça e trabalho! Ter um ambiente organizado para executar as suas tarefas é fundamental para ter um dia produtivo. Seja em casa ou no escritório, mantenha o ambiente de trabalho limpo e organizado.

Comece removendo os excessos: sabe aqueles itens e papéis que não estão sendo usados? Pare de acumular e mantenha na mesa apenas o que for essencial.

Coloque cada item no seu devido lugar: canetas no porta-canetas, papéis em pastas e por aí vai. Quando você deixa poucos objetos na mesa, está ajudando na sua concentração e criatividade, já que o excesso pode ser um ruído para tirar a sua atenção.

Cuide dos materiais: deixe *notebook, mousepad* e outros itens limpos e no seu devido lugar.

Dedique um dia para a limpeza da mesa, isso fará toda a diferença na sua produtividade.

Coloque esses hábitos em prática e veja como eles vão impactar positivamente na sua produtividade. Funcionários organizados, além de serem bem vistos pelas empresas, também trazem mais resultados.

26 de abril

116. SABER LIDAR COM AS CRÍTICAS O FAZEM CRESCER

Por melhor que você seja naquilo que faz, saiba que ninguém está livre das críticas. Ficar chateado, levar para o pessoal ou até agir na defensiva só afetará a sua carreira, portanto, é preciso aprender a lidar com elas.

Antes de mais nada, você precisa saber distinguir entre os dois tipos de críticas: as construtivas, que ajudam você a se tornar um profissional melhor, e as destrutivas, que são feitas na base de acusações sem fundamentos, de maneira incorreta. Uma crítica construtiva, geralmente, vem com uma pessoa apresentando os lados positivos e trazendo pontos que possam ser melhorados a fim de ajudá-lo no seu crescimento.

Para saber lidar com elas, siga algumas dicas:
• Escute e reflita sobre o que foi dito;
• Respeite a opinião do outro e não leve para o pessoal. É sobre o seu trabalho, e não sobre você;

• Se após analisar, e a crítica fizer sentido para você, faça uma autoanálise e tente melhorar os pontos citados.

• Por mais que seja difícil ouvir críticas, respire fundo, analise e sempre tente levá-la como uma ferramenta para o seu crescimento profissional.

27 de abril
117. A PROATIVIDADE PODE LEVAR VOCÊ ALÉM!

Você sabe o que é uma pessoa proativa? É aquela de atitude, que está sempre à frente das suas demandas, evitando problemas e crises. Essa é uma habilidade muito buscada nos profissionais no mercado de trabalho e que pode levá-lo ao sucesso.

A boa notícia é que, mesmo que você não se considere proativo, poderá desenvolver essa habilidade. O primeiro passo é o autoconhecimento; saber identificar seus pontos fortes é importante, além daqueles em que precisa melhorar. Profissionais proativos buscam aperfeiçoamento e novas habilidades o tempo todo.

Planejar-se também faz toda a diferença. Quando você se organiza com as suas tarefas, consegue saber quanto tempo leva para executá-las e estipula prazos reais. Com planejamento, fica mais simples ver o projeto como um todo e conquistar ótimos resultados.

Estude também para tomar boas decisões no dia a dia. O que difere um profissional proativo dos outros é que ele tem clareza na hora de tomar decisões.

28 de abril
118. ERRE, E CORRIJA RÁPIDO

É comum errar no dia a dia de trabalho, mas como você encara os erros é que fará a diferença. Saber lidar com esse tipo de situação no trabalho é um grande caminho para o seu crescimento profissional.

Há grandes líderes, entre eles Lazlo Bock, ex-vice-presidente sênior de operações de pessoal do *Google*, que revela que uma organização que se desenvolve é aquela que permite o erro. Todo mundo erra, não tem jeito, o ideal é assumir as falhas e buscar se desenvolver com elas. Além de reconhecer o erro, é importante estar atento e corrigi-lo o quanto antes com sabedoria.

Mude o seu mindset e entenda que o erro é inevitável e que as pessoas precisam de liberdade para tentar. Não fuja do erro e lide com as consequências dele. Busque o melhor resultado, minimizando o equívoco, mas inevitavelmente falhas acontecerão. Não se apegue a elas, busque outros caminhos e entenda a raiz do problema, pois, dessa forma, você evita que aconteçam novamente.

29 de abril
119. UM NEGÓCIO QUE NÃO ESTÁ NAS REDES SOCIAIS NÃO EXISTE!

Se você tem um negócio e ainda não está nas redes sociais, comece a criar as suas agora. Atualmente, todo mundo procura aquilo que deseja nas redes, como *Instagram, Facebook, YouTube, TikTok*, entre outros.

De acordo com pesquisa da agência de informações *Nielsen*, as redes sociais se tornaram essenciais para que as pessoas se comuniquem com os negócios, dando opinião sobre serviços e produtos.

Contudo, lembre-se de que ter um negócio ativo nas redes sociais é diferente do que ter apenas um perfil. É preciso produzir conteúdo e trazer novidades com frequência para desfrutar de benefícios, como aumento da audiência, o que tornará a sua marca conhecida, além de construir a sua autoridade, ter maior engajamento e até aumento do fluxo do site, o que pode gerar novas vendas.

Além disso, para estar nas redes sociais, é preciso cultivar o hábito da constância. De nada adianta ter uma semana ativa e, na próxima, nem aparecer!

30 de abril
120. MARCAS HUMANIZADAS VENDEM MAIS

Sabe aquele atendimento robótico, frio e sem laços? Ele ficou totalmente no passado. Com o crescimento das redes sociais, as marcas passaram a ver a necessidade de se exporem para os seus clientes de forma humanizada, mas, afinal, o que é isso?

Uma marca humanizada é aquela que se comunica com o público de forma próxima, tem histórias para contar e faz com que seus clientes engajem com ela.

Para começar, invista em *storytelling*, a arte de contar boas histórias. Quem trabalha por trás da sua marca? Como os produtos são produzidos? Deixe o cliente entrar no dia a dia.

Apostar no humor também ajuda muito a humanizar a marca. Se fizer sentido para o seu público, traga *memes* e posts divertidos.

Outro passo essencial é mostrar que os clientes estão conversando com uma pessoa por trás daquela rede social, e não com um robô. Isso faz toda a diferença na hora de fidelizar o seu cliente.

Ser uma marca humanizada, na maioria das vezes, requer apenas ajustes de comunicação. Conhecendo bem o seu público, você conseguirá definir as melhores estratégias para ter o hábito de estar sempre mais próximo dos seus clientes.

1º de maio
121. SEJA UM LÍDER, NÃO UM CHEFE

Muitos desejam ser chefe na vida, mas deveriam buscar ser líderes!

O chefe é aquele que monitora e supervisiona um departamento. Já ser um líder é mais do que uma posição, mas, sim, uma vocação. O líder é aquela pessoa que busca desenvolver os talentos da sua equipe, uma pessoa consciente de suas qualidades. Ele trata os colaboradores com educação, tem empatia e trabalha na base da colaboração.

O líder enxerga cada pessoa como única e essencial na sua equipe, buscando entender melhor cada uma delas, reconhecendo os seus talentos e engajando todos na busca dos mesmos objetivos.

Cultive o hábito de caminhar ao lado da sua equipe e buscar motivá-la a cada dia, afinal, um líder mantém a equipe interessada, já um chefe a deixa estressada.

2 de maio
122. TENHA BONS PARCEIROS NO TRABALHO

Você já deve ter escutado a frase "ninguém faz nada sozinho", certo? E, no trabalho, seja você empresário ou funcionário, isso não é diferente. Para atingir os melhores resultados é preciso investir em boas parcerias.

Para conquistá-las, você precisa ter em mente o seu objetivo. Boas parcerias acontecem quando duas pessoas ou empresas possuem pontos fortes e fracos e decidem se unir para se ajudarem. É importante que um tenha a oferecer ao outro, assim os dois sairão ganhando. Busque parceiros que tenham pontos fortes em aspectos que você ainda não tem. Dessa forma, vocês podem trocar e crescer juntos.

Considere também os valores do seu parceiro de negócios. Será que eles são compatíveis com os seus? Para que a parceria dure, é importante que os dois olhem para o mesmo caminho.

E, por fim, mas não menos importante, crie o hábito de sempre monitorar os resultados. Essa colaboração tem sido benéfica para vocês? Isso é importante para que entenda se estão dentro do esperado e se a longo prazo essa parceria pode representar bons resultados para os seus negócios.

3 de maio
123. VALORIZE A SUA SAÚDE

Para ter sucesso nos negócios, a sua saúde deve estar em dia. Afinal, você precisa ter disposição. Todos os bilionários mantêm uma rotina regular de exercícios, seja um treino diário na academia ou uma corrida na esteira dentro da própria casa, por exemplo. Estando fisicamente bem, é possível manter uma performance intelectual mais apurada.

Mark Cuban, por exemplo, dono do time de basquete Dallas Mavericks, além de muitas outras atuações no ramo empresarial, é um bilionário que não abre mão de fazer treinos de cardio seis vezes por semana. Já o investidor Richard Branson afirmou que todos os dias de manhã pratica exercício físico, como tênis, surfe ou andar de bicicleta.

Incluir o hábito do esporte em sua vida não beneficiará apenas a sua saúde, mas também o seu posicionamento mais firme, confiante e ativo no universo dos negócios.

4 de maio
124. PLANEJE O SEU DIA COM ANTECEDÊNCIA PARA NÃO PERDER O FOCO

Sabe aqueles 10 minutinhos finais do seu dia? Aproveite para usá-los para planejar as tarefas do dia seguinte. Esse hábito fará toda a diferença na sua rotina.

Comece listando tudo o que você precisará fazer no próximo dia, mas crie uma ordem de prioridade. Busque incluir as tarefas mais difíceis no topo da lista e, quando elas forem sendo eliminadas, você terá uma agenda mais leve. Lembre-se de fazer uma coisa de cada vez para dar atenção total para as suas tarefas.

Com as tarefas planejadas no dia anterior, você poderá desfrutar melhor da sua noite de sono, pois não terá que se preocupar em lembrar o que terá de fazer no dia seguinte e, consequentemente, acordará mais descansado.

5 de maio

125. DESFRUTE DOS BENEFÍCIOS DA VENDA ONLINE

Seja você um vendedor de produtos ou serviços, atualmente, não existem mais desculpas para não estar na Internet. Nos últimos anos, muitos negócios adotaram um novo posicionamento no mercado digital.

O fato é que as pessoas estão cada vez mais seguras de fazer compras na Internet, e você não vai querer que seu negócio fique de fora dessa, certo? Já existem várias plataformas que cuidam de tudo para você vender online com facilidade, busque-as para dar o *start* na sua loja virtual.

Os benefícios de vender em um e-commerce são inúmeros, como vendas 24 horas em todos os dias da semana, garantindo mais comodidade e facilidades para o cliente. Como em qualquer outro negócio, alguns obstáculos se fazem presentes. No caso das vendas online, o frete para o envio de seus produtos pode ser um grande vilão. Assim, estude as melhores opções para entregar o pedido e fazer uma oferta atrativa.

Um e-commerce, além de infinitas possibilidades, oferece uma forma mais econômica de negócio e pode trazer resultados surpreendentes. Portanto, cultive o hábito de incluir o posicionamento digital sempre nos planos de seu negócio.

6 de maio

126. FORTALEÇA A SUA MARCA

Com cada vez mais pessoas com acesso à Internet, ter presença digital se tornou essencial para que os negócios possam crescer. De acordo com o relatório Digital in 2018, divulgado pela *Hootsuite* e *We Are*

Social, mais da metade dos brasileiros já está conectada à Internet, ou seja, boa parte dos seus clientes estão online.

O bom é que ter presença digital não exige altos investimentos, já que atualmente há inúmeras maneiras de se tornar relevante também no mundo online. É possível trabalhar com um site da empresa na Internet, um blog, presença nas redes sociais, e-mail marketing, *Google Meu Negócio*, entre outros. Cabe à empresa fazer um estudo e analisar qual é o melhor para atingir o seu público-alvo.

Tendo o hábito de fazer uma análise profunda do seu público e comportamento, será possível estabelecer uma estratégia assertiva para ter presença digital e, consequentemente, fortalecer a sua marca.

7 de maio

127. CONFIE EM SEU PRÓPRIO JULGAMENTO

Você pode ter sucesso no mundo dos negócios se você sempre ouvir opiniões e previsões de pessoas com extrema experiência no assunto – os chamados mentores na atualidade. No entanto, para construir uma carreira de emancipação como Bill Gates, fundador da Microsoft, você precisa ter o hábito de sempre ouvir a si mesmo em primeiro lugar – mesmo se o mundo estiver dizendo que você pode estar errado.

Foi exatamente isso que aconteceu quando Bill Gates lançou a Microsoft. Em um discurso, o bilionário disse que a empresa estava "com base nesta ideia maluca – a qual ninguém concordava – de que chips de computadores se tornariam tão poderosos que os computadores e softwares seriam uma ferramenta que estaria em cada mesa de escritório e em muitas casas". Mesmo assim, Gates lançou a "ideia maluca" e, consequentemente, construiu o seu legado para o mundo.

8 de maio

128. INVISTA NO CNPJ SEM ESQUECER O CPF

Uma grande verdade nesta frase ouvi de um grande amigo meu: mesmo que o seu negócio esteja bombando e cheio de oportunidades para te dar ainda mais retorno, não esqueça de cuidar da sua saúde física e mental.

Não é raro se deparar com casos de empresas que são geridas com maestria, mas onde o maestro não cuidou de si próprio. Essa é uma grande armadilha.

9 de maio

129. REPITA ATÉ ALCANÇAR!

Pessoas sucedidas não desistem de um projeto de negócio muito fácil! Bill Gates – fundador da Microsoft –, por exemplo, levou mais de 20 anos até conseguir o seu primeiro resultado significativo. Isso porque ele não desistiu e acreditava no potencial do negócio.

Já o jogador de futebol Cafu – capitão que levantou a taça da Copa do Mundo pelo Brasil em 2002 – passou por mais de 11 peneiras em categorias de base de diversos clubes do país até passar na 12ª tentativa.

Não importa a sua área de atuação, você deve tentar quantas vezes forem necessárias até conseguir o que "queima no seu coração"!

10 de maio

130. FAÇA SEU TIME PRODUZIR MAIS!

Aumentar a produtividade é um dos grandes desafios de qualquer gestor, especialmente porque impacta diretamente no resultado da empresa. Como qualquer organização é formada por pessoas, o hábito de motivar a equipe torna-se essencial para melhorar o desempenho. Um time motivado e feliz faz a companhia crescer e se destacar no mercado.

Nesse processo, além de elogiar seus funcionários, estabeleça metas claras, seja transparente e crie canais de comunicação entre você e todo o time.

11 de maio

131. FAÇA INTERVALOS ENTRE OS COMPROMISSOS DE TRABALHO

Não emende um compromisso atrás do outro sem ao menos ter um intervalo de 5 minutos. Este é o hábito, por exemplo, de Bill Gates, que possui o seu horário dividido em intervalos de cinco minutos para conseguir cumprir todos os compromissos do dia de forma organizada.

Elon Musk faz exatamente o mesmo. Cada momento é cuidadosamente planejado. Esse pequeno hábito faz você ter mais fôlego e foco para realizar o que é necessário.

12 de maio

132. COMECE COM AS CONDIÇÕES QUE TIVER

Larry Ellison, fundador da *Oracle Corporation*, uma multinacional de tecnologia e informática, sediada nos Estados Unidos, tem o hábito de começar sem ter tudo pronto. Segundo ele, qualquer coisa que você queira fazer na vida, primeiramente, você pratica e conquista a experiência necessária para ter sucesso.

Ellison tem uma das empresas mais valiosas do planeta e iniciou com apenas US $1.200 dólares. Ele não esperou juntar os US $25 mil que necessitava para colocar suas ideias de negócio em prática.

Muitas vezes, para iniciar um negócio ou um novo projeto que acreditamos, esperamos as condições perfeitas, e com isso o tempo passa e pode ser que você não largue na frente. Comece com as condições que tiver e aprimore ao longo do tempo!

13 de maio

133. TREINE!

Praticar esporte físico é um hábito essencial para a saúde. Contudo, por que fazer musculação é um bom hábito para o mundo dos negócios? Além de aumentar e muito a produtividade, treinar alivia o estresse mental e ajuda na superação de limites.

Mark Zuckerberg já relatou os problemas que as responsabilidades como chefe da Meta causam em seu dia a dia. Para aliviar a pressão e manter a saúde mental, Mark costuma treinar jiu-jitsu – uma luta que exige concentração e foco. "Depois de uma ou duas horas de treino, estou pronto para resolver qualquer coisa no trabalho", destaca o CEO da Meta.

14 de maio

134. PERGUNTE SEMPRE

Para alcançar o sucesso no mundo dos negócios, tenha o hábito de fazer perguntas: tanto para si, para se autoconhecer, avaliando seus pontos fortes e aqueles que precisam ser aperfeiçoados – como para pessoas experientes.

Pergunte! Seja curioso, abandone a inibição, preste atenção, observe e aprenda com as respostas e conselhos dos outros. Além disso, os gestores falham, erram. Por isso, não tenha medo de pedir ajuda. Ninguém possui todas as respostas. Questionando, você pode encontrar as soluções necessárias.

15 de maio

135. SEJA HONESTO E VERDADEIRO

"Seja sempre honesto, especialmente com você mesmo", afirmou Miyamoto Musashi, o samurai mais famoso de todos os tempos. Essa talvez seja a lição mais dura para os samurais. "Se você falhar, falhou. Mesmo que suas razões para falhar sejam infalíveis, não importa. Você falhou."

Se temos um motivo para o nosso fracasso, não procure desculpas no ambiente ou em alguma pessoa. Olhe para si mesmo e veja as suas deficiências. Apenas reconhecendo as falhas é que podemos aprimorar nossas qualificações. Não culpe os outros e nenhuma situação. Seja honesto com você.

Como um samurai, sempre que você não conseguir fazer algo ou perder seu objetivo, antes de qualquer coisa, olhe para si mesmo. Descarte a necessidade de terceirizar o problema. Se construir o hábito da autoavaliação, você consegue se tornar um "bom guerreiro" diante das batalhas da vida.

Agora é a sua vez de colocar seus conhecimentos em prática!
Marque os hábitos que já conquistou e os que almeja alcançar.
Se preferir, trace um plano para conquistar suas próximas metas.

EMOCIONAL

16 de maio

136. LISTA DA FAXINA ENERGÉTICA

Faça uma lista a cada período – pode ser mensal, anual, a periodicidade que quiser – de 30 coisas que o estão incomodando. Pode ser qualquer coisa, uma lâmpada queimada, um quarto bagunçado, um relacionamento tóxico, algo que você está procrastinando. Pense em coisas que atrapalham os seus pensamentos no seu dia a dia. Após fazer esta lista, comprometa-se a resolver no mínimo 70% dos itens listados em um período curto. Seu dia ficará mais leve, você mais feliz e com mais energia.

17 de maio

137. NÃO SEJA INSATISFEITO POR NATUREZA

A insatisfação na história da origem da humanidade pode ser considerada positiva, pois possibilitou a evolução e fez o homem se movimentar para viver melhor. O problema é que o acesso às inúmeras facilidades do mundo atual e o consumismo exacerbado tendem a levar o indivíduo ao descontentamento permanente.

A insatisfação é parceira fundamental da motivação, porém, depende de um autocontrole para não se tornar prejudicial. Diante disso, crie o hábito de avaliar a sua insatisfação. Se nunca paramos para saborear o prazer de algumas coisas conquistadas, a satisfação reprimida pode nos fazer sofrer. Celebre as pequenas conquistas!

18 de maio

138. FAÇA UMA LISTA DE BOAS EMOÇÕES QUE JÁ VIVEU

Os dias passam rápido... e nada pior do que achar que está vivendo no "piloto automático". A vida é realmente muito curta para vivê-la na "temperatura morna". Lute, caia, levante, chore, sorria... Seja o protagonista da sua história! E nada melhor do que boas lembranças para nos dar impulsos e ir além!

Nesse cenário chamado vida, tenha o hábito de criar uma lista de boas emoções que já viveu: o nascimento de um filho; a conquista por um emprego; uma amizade duradoura; ou até uma superação que tanto desejava!

Sempre que o desânimo bater, vale dar uma espiadinha na sua lista de boas emoções antes de prosseguir!

19 de maio

139. ESCUTE SEMPRE A SUA INTUIÇÃO

Por quantas vezes você fez uma ação que não deu certo e pensou: "Poxa, eu devia ter seguido a minha intuição!". Parece que há uma voz interna que nos guia como uma bússola, dizendo o caminho certo que devemos seguir.

Quem se sente bem conectado com a sua intuição sabe que ela é a sua voz mais sábia e segura, ainda que, muitas vezes, possa apontar caminhos nem sempre tão confortáveis.

Você sabia que Albert Einstein, um dos cientistas mais importantes de todos os tempos, já se apoiou na própria intuição para avançar em seus experimentos e descobertas? Ele afirmou: "A mente intuitiva é um dom sagrado, e a mente racional é um criado fiel. Nós criamos uma sociedade que honra o criado e esqueceu o sagrado".

A intuição é uma capacidade humana com a qual todos nós nascemos. Quanto mais autoconhecimento tivermos, mais ela ficará aguçada. Fique em silêncio e ouça sua voz interna!

20 de maio

140. RIR DA GENTE MESMO É LIBERTADOR

Rir de si mesmo é enxergar os próprios erros e aceitá-los com bom humor. Acredite, essa postura de determinação e de compaixão consigo mesmo é sinal de inteligência emocional.

Quando nos levamos a sério demais, não conseguimos nos desprender dos erros cometidos e dos julgamentos alheios. O autoconhecimento é essencial para ser capaz de rir de si mesmo. Quem se aceita exatamente como é – incluindo defeitos e fracassos – aprende com os erros e consegue ir além mais facilmente.

21 de maio

141. DESPERTE SEMPRE A CRIANÇA QUE VIVE DENTRO DE VOCÊ

Não importa a idade que você tem... Nunca deixe morrer a criança que existe dentro de você! Sonhe com os olhos abertos, voe na imaginação, ande na chuva, sinta o frescor do vento no rosto...

Coma bolo de chocolate, lamba os dedos! Faça palhaçadas e chore quando tiver vontade! Ande na grama, admita que, de vez em quando, precisa de um colo! Pense nos seus sonhos de infância e lute por eles!

Tenha o hábito de alimentar a criança que existe em você e viva uma vida muito mais leve!

22 de maio

142. BEBIDA COMO VÁLVULA DE ESCAPE? SAIA DESSA!

Quem nunca disse ou ouviu alguém dizer: "Estou feliz! Vou beber para comemorar" ou "Estou triste. Vou beber para me animar"? Essas frases fazem parte da rotina de muitas pessoas.

Bebida alcoólica pode ser degustada e apreciada, fazendo parte de alguns momentos de desfrute ou comemoração.

Na história da humanidade, experts desenvolveram bebidas com sabores e aromas sensacionais, que podemos degustar hoje. Contudo, é um desfrute para pessoas que têm o controle das suas ações e consequências.

O abuso do álcool, assim como a maioria dos excessos, pode trazer grandes danos a si próprio e aos que estão no seu entorno. Não esqueça, mantenha-se no controle!

23 de maio

143. VIVA A VIDA SEM FILTROS!

Responda rápido: quando aparece nas redes sociais, você usa filtros? Se a resposta é "sim", saiba que não está sozinho. Mas a questão é: você usa os filtros ou não vive sem eles?

Os filtros chegaram de forma inofensiva para serem uma brincadeira no dia a dia. Orelhinhas de cachorro, nariz de gato, óculos... Rapidamente esses disfarces deram lugar a filtros de maquiagem, filtros que aumentam a boca, diminuem o nariz e, pronto, as pessoas passaram a gostar da imagem distorcida que viam. Aí foi só questão de tempo para que o que era brincadeira se tornasse um grande problema! Os filtros fizeram com que muitas pessoas desenvolvessem problemas de autoestima e não aceitassem mais a sua imagem natural, o que aumentou a busca por procedimentos estéticos.

Se você é uma dessas pessoas, vou fazer um desafio! Que tal abandonar os filtros aos poucos e criar este hábito de não usar? Acredite, você é único da sua maneira e não há filtro que consiga mostrar a sua essência.

24 de maio
144. VALORIZE SUAS RAÍZES

Viver no presente e olhar para o futuro são ações importantes, mas respeitar o passado também é válido, pois ele é a nossa base, a nossa formação.

Na Grécia, por exemplo, há a valorização do passado: a contribuição dos principais pensadores que mudaram o mundo, os anos de guerras, a mitologia e as vitórias particulares de cada família. Existe uma honra muito grande do povo de pertencer à antiga e poderosa Grécia.

A mentalidade grega entende que é no passado que está enraizado o futuro. Essa cultura é sábia em valorizar as raízes, pois são elas que nos dão base para construir os novos frutos. Além disso, o passado nos possibilita entender melhor quem somos hoje e o que estamos dispostos a viver. Valorize suas vitórias, dignifique suas escolhas; embora, algumas vezes, possam não ter sido as mais assertivas, elas o transformaram em quem é hoje.

25 de maio
145. CELEBRE SEU ANIVERSÁRIO

Muitas pessoas não têm o hábito de comemorar mais um ano de vida, mas celebrar é importante como forma de agradecimento à vida!

Uma das melhores partes da comemoração é o hábito de soprar as velas e saborear um bolo delicioso entre as pessoas que são mais importantes para você. A celebração dos aniversários teve origem no Antigo Egito, onde as pessoas acreditavam que os faraós se tornavam deuses quando eram coroados. Sua coroação – o dia que "nasceram" como deuses – era um dia de celebração todos os anos.

Os antigos gregos adotaram o costume e acrescentaram uma sobremesa às festividades. Os bolos de aniversário da Grécia Antiga tinham o formato da lua, para serem oferecidos como um tributo a Ártemis, a deusa da lua. Para fazer os bolos brilharem como a lua, eles foram decorados com velas acesas.

A prática de soprar as velinhas no Ocidente ganhou força e já faz parte de nossa cultura. O mais importante é cultivar esse hábito ao longo da vida com o objetivo de comemorar mais um ano repleto de possibilidades! Viva a vida!

26 de maio
146. A VIDA É MUITO CURTA PARA GUARDAR MÁGOAS

Desapontar-se com alguém, sofrer uma injustiça e ficar bravo são situações que podem ser corriqueiras no dia a dia. O que difere as pessoas é a maneira como cada uma lida com essas questões. Guardar mágoas pode ser uma consequência, mas acaba envenenando-o.

Sabia que, ao guardar mágoas, o cérebro produz substâncias químicas e hormônios ligados ao estresse, que limitam as ações e prejudicam o bem-estar? Além de fazer mal para a saúde, a mágoa se torna uma bagagem muito pesada de carregar, fazendo com que você gaste sua energia à toa.

Da mesma maneira que é possível escolher o que você quer vestir no dia ou assistir na TV, você também pode escolher maneiras diferentes de ocupar a sua mente. Se no mesmo lugar onde cabe mágoa, há espaço para o amor, por que não optar por guardar essa última opção?

Claro que você precisa lidar com os seus sentimentos, mas lembre-se de que eles têm um tempo de vida. Guardar a mágoa por muito tempo só fará mal para a sua saúde. Por isso, adote o hábito de "digerir" o ocorrido e retirar esse sentimento ruim da sua mente.

27 de maio
147. DESENVOLVA SUA INTELIGÊNCIA EMOCIONAL

Ser tomado pela raiva em algumas situações é comum. Assim como a felicidade, alegria e tristeza, ela é uma emoção inerente a todos nós, mas só é normal quando está sob controle.

E o segredo para o controle é mais simples do que você imagina: respirar fundo e soltar o ar por 10 vezes. Quando você adota essa prática, ajuda a normalizar a frequência cardíaca e respiratória, deixando o hipotálamo – estrutura cerebral cuja principal função é manter o organismo em equilíbrio – regular novamente a emoção. Portanto, sempre que a raiva vier com força, pare, respire profundamente e conte até dez.

A raiva em excesso e sem controle, além de causar problemas de socialização, também pode trazer malefícios para a saúde. Tentar suprimi-la também é ruim, pois pode gerar depressão e ansiedade. A melhor saída é sempre o controle, portanto, assim que o nervoso bater, respire. Você consegue construir este hábito, acredite!

28 de maio
148. RESPEITE A SUA ESSÊNCIA

Seja você com toda a sua simplicidade e humanidade. A única necessidade real é ser quem você é. Por isso, cultive o hábito de analisar sempre o que te faz realmente bem. Respeite a sua essência e a sua verdade sempre.

Não há necessidade de ser importante, por exemplo. Isso é para o ego. A felicidade nasce do ser fiel a quem você veio ser. Dia a dia, respeitar os seus valores é o maior ato de libertação, coragem, ousadia e amor a si mesmo.

29 de maio
149. SEJA RESILIENTE

É extremamente importante que você planeje, questione-se antes de começar um projeto e, a partir da decisão de iniciar, comprometa-se a ir até o fim. É muito comum sermos bombardeados com vários estímulos externos – como começar a aprender a tocar um instrumento ou a fazer um curso de culinária gourmet –, mas se você já iniciou um projeto e está comprometido com ele, não se deixe trocar facilmente por um novo antes de finalizá-lo.

A pessoa que se acostuma a não finalizar seus projetos perde a confiança em si própria. Não enterre ou deixe seus sonhos pelo caminho. Lógico: a menos que você tenha toda a convicção de que aquele sonho realmente não vale ser vivido.

Vá até o final! Você se fortalecerá e colherá os frutos. Pegue a sua recompensa!

30 de maio
150. MANTENHA SEUS SONHOS VIVOS

É muito certo que só se vive no presente, é nele que desfrutamos a vida, mas sonhar é algo delicioso e libertador.

O sonho nos permite imaginar o inalcançável, o inimaginável. Reflita um pouco: quantas coisas que são verdadeiras hoje já foram consideradas impossíveis?

O sonho pode virar um plano e depois uma realidade.

Permita-se sonhar, seja disruptivo, acredite nos seus sonhos!

31 de maio
151. CULTIVE PLANTAS QUE ATRAEM BOAS ENERGIAS

Todo elemento natural é capaz de transmutar e vibrar energias de bem-estar. Contudo, existem plantas para ter em casa que ajudam a equilibrar as energias. Tenha o hábito de cultivar algumas espécies versáteis para atrair boas vibrações e, consequentemente, melhorar seu emocional:

• Bambu da sorte – atrai sorte, prosperidade e boas energias. Segundo tradições orientais, esta planta não deve ser comprada, e sim recebida de presente;

• Árvore da felicidade – perfeita para melhorar a sintonia dos relacionamentos. Fácil de cuidar, não deve ficar diretamente exposta ao sol;

• Lírio da paz – indicada para combater as más energias e também os pensamentos negativos;

• Suculentas e cactos – são plantas guardiãs, ou seja, protegem a casa de energias mais densas. São consideradas ideais na entrada da casa.

1º de junho
152. SEJA SUA PRÓPRIA COMPANHIA

Você sabia que uma das causas da solidão é a falta de intimidade consigo mesmo? É importante ter o hábito de conviver com quem somos. Quando ficamos sós, podemos ter um contato com o nosso eu interior, lembrar de situações em que cometemos erros, que sofremos, assim como podemos refletir em quais aspectos podemos melhorar.

Na maioria das vezes, fugimos desse confronto: vamos "empurrando" a vida e, quando ficamos sozinhos, nos apavoramos. Tenha o hábito de se olhar no espelho e encarar de frente esses problemas. Resolvendo essas pendências emocionais, sua melhor companhia pode ser você mesmo.

2 de junho
153. EQUILIBRE RAZÃO E EMOÇÃO

Você já tomou decisões a partir das emoções? E já lidou com o emocional se esquecendo da razão? Tanto a emoção quanto a razão, se isoladas, são insuficientes para tomar decisões equilibradas.

Uma pessoa que toma decisões puramente racionais pode apresentar problemas de empatia. Isso porque ela tende a se preocupar com resultados e efeitos sem vivenciar precisamente os estados emocionais. Já uma pessoa que apenas age emocionalmente, espera-se que ela seja mais racional.

Sendo assim, cultive o hábito de entender o que diz sua razão e sua emoção. O equilíbrio entre elas será sempre a melhor escolha.

3 de junho
154. DESCONFIE DE FATOS OU PESSOAS PERFEITAS DEMAIS

Todos nós temos o nosso lado rude, impaciente, estressado e intolerante. Todos nós também temos dias ruins, em que desejamos ficar distantes de tudo e de todos. Essas características são naturais do ser humano... Portanto, desconfie de pessoas perfeitas demais: em grande maioria, possuem interesse em você ou estão tentando ganhar a sua confiança para então sabotá-lo.

Essa visão parece um tanto negativa, porém, infelizmente, o mundo não é composto apenas de pessoas boas e generosas. É preciso ficar muito atento!

Assim como fatos e oportunidades fáceis: desconfie! Nada cai do céu tão facilmente. Tudo requer empenho e esforço para ser conquistado. Quanto mais conscientes formos da realidade, menos chances temos de ser manipulados por aqueles que estão por perto apenas para obter algum ganho a partir do nosso sofrimento.

4 de junho

155. OBSERVE SEMPRE COMO VOCÊ REAGE AOS DESAFIOS

O que nos define não é o que acontece em nossas vidas, mas como reagimos ao que nos acontece. Há uma frase de Jean-Paul Sartre, filósofo e crítico francês, que define esse conceito: "Não importa o que fizeram com você. O que importa é o que você faz com aquilo que fizeram com você".

Por isso, crie o hábito de sempre analisar como você reage às diversas situações do cotidiano. Você pode se indignar, se revoltar, se culpar, se vitimizar e até paralisar. Contudo, se criar o hábito de observar atentamente as suas emoções, você poderá converter a dor no marco da sua mais poderosa transformação.

5 de junho

156. ACABE COM A CARÊNCIA AFETIVA

Todos nós temos carência afetiva. Mesmo aqueles que parecem mais frios também a possuem. É natural termos essa sensação em nosso dia a dia. Quem não quer um colinho depois de um dia difícil? O problema está quando a carência entra em um nível muito alto, gerando cobranças e o medo excessivo de ser rejeitado.

Quando isso acontece, trata-se da Dependência Emocional Afetiva. Esse sentimento acaba sendo um peso para ambas as partes dentro de um relacionamento. Tal carência costuma surgir ainda na infância. Quando a criança não recebe a atenção suficiente, passa por episódios de rejeição e abandono – ou interpreta de forma traumática algum fato em sua vida –, tende a ter carência em suas relações na vida adulta.

Sendo assim, crie o hábito de se autoconhecer e não condicionar a responsabilidade da sua felicidade para outras pessoas. Quem faz parte da sua vida deve estar ali para acrescentar, e não suprir suas carências.

Busque melhorar como pessoa, reconheça suas qualidades e as valorize. Aprenda a lidar com suas limitações e não se diminua por esses motivos. Ame-se do jeito que você é!

6 de junho
157. CUIDE DE SUAS FERIDAS EMOCIONAIS

Feridas emocionais são situações, emoções e comportamentos que nos afetam de forma negativa, trazendo insegurança, bloqueios e sensação de insuficiência.

Na maioria das vezes, as feridas emocionais são causadas por situações que nos afetam de forma subconsciente. Por isso, não sabemos dizer o porquê de sermos mais vulneráveis a certos comportamentos, sentimentos ou bloqueios diante de uma pessoa ou circunstância. Algumas feridas comuns são: decepção, traição, rejeição, abandono e humilhação.

Quando não tratadas, as feridas emocionais podem prejudicar nossa saúde física, mental e emocional, além de atrapalhar os nossos relacionamentos e, até mesmo, moldar a nossa personalidade de maneira negativa.

Assim, tenha o hábito de cuidar de suas feridas internas. Descubra a origem, aceite as experiências do passado e perdoe todos os aspectos que as envolvem. Somente assim ficará mais leve para poder prosseguir.

7 de junho
158. PENSE POSITIVO E SEJA REALISTA

"Evitar o sofrimento é uma forma de sofrimento", destacou o autor Mark Manson em seu livro "*A sutil arte de ligar o f*da-se*" (Editora Intrínseca). O exagero em positivismo pode deixar as pessoas vulneráveis demais, já que fatos ruins também acontecem todos os dias.

Já ouviu aquela frase: "Tudo dá certo no final"? Esse tipo de pensamento pode reduzir os nossos esforços e o empenho em fazer dar realmente certo. Obviamente pensar positivo é importante, mas tudo tem que ter equilíbrio para não causar o efeito reverso.

8 de junho
159. ATENÇÃO PLENA

Você já ouviu falar sobre *mindfulness*? É focar a mente no hoje, no agora. Pesquisadores de Carnegie Mellon University, nos Estados Unidos, publicaram um estudo que comprova que a meditação no momento presente ajuda a combater a solidão, entre outros sentimentos que angustiam os nossos corações.

Se você ainda não sabe meditar: pare e preste atenção em sua respiração. Sentado em posição de lótus (com as pernas cruzadas e as solas dos pés voltadas para cima) ou mesmo em uma cadeira, com a coluna ereta, feche os olhos e preste atenção no ar que entra e sai.

Se algum pensamento surgir, volte a prestar atenção na respiração. Quando meditamos, ficamos focados no presente, um estado onde não existe tristeza, mas somente bem-estar.

9 de junho
160. ENTENDA SEUS ARREPENDIMENTOS

Você sabe a diferença entre arrependimento e remorso? São sentimentos distintos, mas, em ambos os casos, é necessário avaliar a ação e buscar possíveis soluções para minimizar essa angústia.

O remorso surge quando sentimos tristeza por algo que podemos ter causado para alguém. Por esse dano indevido aos outros, sentimos culpa e aí está instalado o remorso. Já o arrependimento está direcionado a algo que fizemos e não gostamos do resultado, mas não necessariamente implica um dano a um terceiro. Está mais relacionado a coisas feitas para nós mesmos.

Um bom diálogo sempre é um caminho para entender e amenizar essas aflições. Além disso, tenha o hábito de fazer uma investigação sobre quem você é e porque reage de determinada maneira diante de algumas situações da vida.

10 de junho

161. CUIDE DO SEU EMOCIONAL

De acordo com a Organização Mundial de Saúde (OMS), apenas no Brasil, 86% da população sofre com algum tipo de transtorno mental, envolvendo depressão, ansiedade, fobias e transtornos de personalidade. Assim, saber como cuidar da saúde mental é fundamental para que qualquer pessoa consiga lidar com diferentes situações e emoções naturais comuns do dia a dia.

Existem alguns hábitos que ajudam a cuidar do seu emocional, tais como: cuidar da saúde física (com alimentação equilibrada, atividades prazerosas e exames preventivos); cultivar boas relações; diminuir o tempo online; priorizar o sono; e dialogar com pessoas de confiança.

Agora é a sua vez de colocar seus conhecimentos em prática!
Marque os hábitos que já conquistou e os que almeja alcançar.
Se preferir, trace um plano para conquistar suas próximas metas.

_____
_____
_____
_____
_____
_____
_____

ESPIRITUALIDADE

11 de junho

162. SEJA GRATO!

A gratidão é o combustível das pessoas realizadas. Como afirmou o filósofo grego Antístenes, "a gratidão é a memória do coração".

Acredite: a maioria dos seres humanos mal-humorados e infelizes poderiam reverter esse quadro rapidamente se praticassem a gratidão no seu dia a dia.

Sabe aquela história de "o copo estar meio cheio e meio vazio"? O que lhe chama mais atenção? Seja grato pela parte cheia. No dia a dia, agradeça sem moderação: por sua família, por seus amigos, pelo seu trabalho, por sua saúde, por suas conquistas e por tudo aquilo que for importante para você.

Por muitas vezes, não somos capazes de observar as tantas oportunidades que o universo nos proporcionou. Lembre-se: a gratidão apenas faz sentido e é dignificada quando não é cobrado o benefício do retorno.

12 de junho

163. NÃO PRODUZA VENENO

Habitue-se a produzir e desejar coisas boas dentro de você. Desenvolva a compaixão, a compreensão e o perdão, e você será o primeiro a ser beneficiado por essa energia.

Se você desenvolve, dentro de você, ódio, ressentimento e mágoas por alguém, desejando seu mal e, até no extremo, a sua morte, acaba bebendo este veneno que já nasceu no seu interior. É você quem definha e morre pouco a pouco, envenenando a si mesmo e o mundo.

Se você está se envenenando, pare e busque o reequilíbrio. Não continue antes de se corrigir. Primeiramente, busque sua melhora.

Permita-se olhar o mundo com uma visão positiva e amorosa. Você não só estará fazendo sua vida melhor, mas também dando a sua singela e, ao mesmo tempo, grandiosa colaboração para um mundo melhor.

13 de junho

164. CONVERSE COM DEUS

Diante da rotina agitada entre noites mal dormidas e horários apertados divididos entre trabalho, estudo, família, relacionamento amoroso, compromisso com amigos, entre outras muitas atividades, você já parou para refletir qual é o tempo que reserva para conversar com Deus?

Independentemente da sua religião, agradecer o universo diariamente pelas oportunidades e até pelos desafios se faz importante. Muitas pessoas usam esse tempo erroneamente para fazer lamentações, queixas, cobranças... Alguns principais questionamentos são: "Por que isso aconteceu comigo?", "Por que é tão difícil para mim?", "Por quê?"...

Cultive o hábito de usar o "Para quê" no lugar do "Por quê". Tudo o que vivemos nesta vida tem um motivo para contribuir com a nossa evolução, até mesmo os fatos mais dolorosos.

Vamos falar mais com Deus agradecendo, inclusive pelas nossas limitações – são essas, aliás, que nos ajudam a ser pessoas mais justas, amorosas, humildes e altruístas.

14 de junho

165. EXPRESSE A SUA OPINIÃO, MAS SAIBA OUVIR

Ouvir com empatia sugere criar uma conexão emocional com quem se conversa, encontrando semelhanças entre as experiências compartilhadas para que você possa prover respostas adequadas e sinceras. A chamada "escuta empática" exige que você leve em consideração a opinião da outra parte, sem conselhos e críticas.

Afinal, você pode sempre expressar a sua opinião, porém, não tente convencer o outro para que tenha o mesmo posicionamento que você (e vice-versa).

15 de junho

166. DEVOLVA PARA O UNIVERSO

Pense em você jogando bola em uma parede. Se jogar a bola com intensidade, ela volta ainda com velocidade para você. Contudo, se jogar sem força alguma, pode nem voltar nada para você... Assim, também é a vida! Tudo o que vem... costuma voltar!

Por isso, tenha sempre o hábito de devolver para o universo ações que gostaria de receber de volta. Devolva amor, gratidão, respeito e cumplicidade, principalmente. As possibilidades de receber isso novamente da vida são muito maiores! Em tempo: devolva ao universo sem pensar em ter nada em troca. Deixe fluir!

16 de junho

167. A FÉ MOVE MONTANHAS... E MELHORA A SUA VIDA!

Sendo religioso ou não, acredite: a fé é poderosa e pode trazer benefícios para a sua vida. No contexto religioso, a fé tem inúmeros significados, inclusive, o compromisso com uma religião, mas, segundo o dicionário, "é a crença intensa na existência de alguma coisa", "convicção intensa e persistente em algo abstrato que, para a pessoa que acredita, se torna verdade".

Foi-se o tempo em que religião e ciência não podiam andar lado a lado. Desde os anos 1980, cientistas brasileiros estudam os benefícios de exercitar a fé. Segundo a Organização Mundial de Saúde (OMS), a fé influencia na saúde física, mental e até biológica, podendo até diminuir riscos de diabetes, doenças cardiovasculares, respiratórias, infartos, insuficiência renal e acidente vascular cerebral.

Desde a Antiguidade, acredita-se que a fé seja um dom, que permite com que as pessoas tenham esperança e força em momentos difíceis. Portanto, qual é a sua fé? Leve-a para a sua vida e tenha mais segurança e calma em tudo o que for fazer.

17 de junho

168. ENCONTRE SEU PROPÓSITO E VIVA POR ELE

Propósito é sinônimo de objetivo, finalidade e intuito. Buscar o propósito na vida é essencial para cada um de nós. Não estou falando dos objetivos de médio ou curto prazos, nem sobre coisas materiais – como comprar uma casa ou um carro –, mas, sim, sobre aquele objetivo maior e razão para a sua existência, aquilo que faz você alinhar suas outras ações para o alcance deste propósito maior, algo grande como levar alegria ao número maior de pessoas possíveis, tocar o coração de muitos com coisas boas ou ajudar a combater a fome no mundo.

Além de alinhar suas prioridades e dar motivo para a sua vida, este "norte" também para o ajuda a focar nas suas conquistas que vão propiciar a realização deste seu grande propósito e ainda fortalecê-lo naqueles momentos mais difíceis, pois você tem um compromisso e um direcionamento maior com você mesmo.

18 de junho
169. CULTIVE O HÁBITO DE NÃO JULGAR O PRÓXIMO

Freud já dizia: "Quando Pedro me fala sobre Paulo, sei mais de Pedro que de Paulo". Ao julgar alguém, você revela um pouco de si mesmo a partir daquilo que identifica no outro. Será que não é o momento de olhar para si em vez de julgar o próximo?

Críticas construtivas expostas no momento apropriado e de maneira correta são válidas, mas julgar já é outra história. É importante se colocar no lugar do outro, afinal, todos nós somos seres humanos falhos. Por isso, diariamente, pratique o hábito de não julgar.

Que tal analisar se não é melhor guardar a sua opinião para si? Pense sempre: "Meu julgamento é importante? Vai acrescentar algo à vida da pessoa?", se a resposta for "não", guarde-a para você. Tente também não alimentar o ciclo do julgamento ao seu redor. Ao quebrar essa rotina, você consegue levar a vida mais leve, sem controlar a vida dos outros e sem dar abertura para que controlem a sua.

19 de junho
170. APRECIE A BELEZA DA SIMPLICIDADE

Quem nunca ouviu que a beleza está nas coisas simples da vida? Em um momento em que somos bombardeados de informações de todos os lados, em que o consumo é exacerbado, onde *likes* importam mais que valores, é comum que as pessoas percam a leveza e a capacidade de enxergar a beleza da simplicidade.

Ser simples vai além das questões materiais, é um estado de espírito, é encontrar um equilíbrio, ser feliz com pouca coisa e dar mais valor a ser do que ter.

Uma vida simples é rica de valores, sem exageros, na qual sabemos concentrar esforços e dedicar o nosso tempo e dinheiro ao que realmente tem valor e ao que nos faz feliz. Afinal, como já dizia Carlos Drummond de Andrade: "Que a felicidade não dependa do tempo, nem da paisagem, nem da sorte, nem do dinheiro. Que ela possa vir com toda a simplicidade, de dentro para fora, de cada um para todos".

෴ 20 de junho ෴
171. FAÇA PEQUENAS FUGAS PARA ACALMAR A ALMA

Praia, montanha, cachoeira... todo mundo tem um lugar que gosta de ir para recarregar as energias e ter aquele sentimento de clareza nos pensamentos. É como se, ao fazer essa fuga, você desse uma pausa no mundo e começasse a ouvir o seu interior.

Você já reparou que a maioria dos lugares de "fuga" estão relacionados à natureza? De acordo com cientistas da *Brighton and Sussex Medical School*, no Reino Unido, os sons da natureza possuem um efeito restaurador para a mente. Esses sons alteram as conexões feitas no cérebro, reduzindo o instinto natural de ficar alerta a possíveis ameaças e, portanto, conseguimos relaxar.

E em tempos de estresse, grande exposição nas redes sociais, restaurar o corpo e a mente é mais do que necessário. Que tal fazer disso um hábito e, pelo menos, uma vez ao mês, fugir para acalmar a alma? O corpo e a mente agradecem!

෴ 21 de junho ෴
172. BUSQUE PROFUNDIDADE NAS CONVERSAS

Desde a Antiguidade, os homens se reuniam ao redor do fogo para falarem sobre o dia e contarem suas experiências. Um hábito que segue vivo até hoje, mas em outras circunstâncias, claro.

Segundo o filósofo Sócrates, a conversa é um processo em que a dança das ideias pode ajudar as pessoas a se aproximarem de sua própria verdade pessoal. Mas essa dança das ideias ocorre além das conversas superficiais, que são aquelas sobre programas de TV, filmes, fofocas, entre outras. Quando você tem conversas profundas, quando compartilha sua visão de mundo, padrões de comportamento, suas intenções e propósito, é capaz de influenciar e ser influenciado de forma positiva.

Uma conversa profunda pode sim ser iniciada em uma conversa superficial, basta saber conduzir e ouvir as pessoas. Contudo, reflita: o quanto você tem parado para ouvir as pessoas ultimamente? Criar o hábito de conversar e ouvir os sentimentos de quem está ao seu lado pode criar conexões poderosíssimas!

22 de junho
173. CULTIVE SUA PAZ INTERIOR

A paz interior é um dos bens mais preciosos de qualquer ser humano. Se você não tiver paz, não conseguirá apreciar coisa alguma. Na verdade, você pode nem mesmo reconhecer o bem em sua vida, por não reconhecer o bem em si mesmo.

Nossa paz reside em nosso interior, e é algo que está ali pronto para ser redescoberto. A paz é imune às polaridades da vida: os famosos altos e baixos. É por isso que a paz é tão crucial. Ninguém atravessa a vida sem passar por muitas experiências perturbadoras.

Quando alguém próximo morre ou você tem um problema de saúde ou, então, perde seus pertences, provavelmente não pode se sentir feliz. Ninguém poderia, é fato! Mas você precisa se sentir em absoluto desespero? Precisa se sentir devastado? Se estiver em paz e conectado com esse nível mais profundo em si, esses tipos de extremos emocionais não ocorrem – ou então serão mais leves.

Você terá uma calma que não é afetada pelo que acontece no mundo externo, porque aceita e compreende o que quer que aconteça ao seu redor. Assim, cultive a paz interior dia a dia e não permita que nada o tire ela.

23 de junho
174. MEDITE E CONECTE-SE COM VOCÊ

Um dos caminhos para manter a concentração e a paz é a meditação. Os samurais, fiéis guerreiros no Japão, tinham essa prática como um hábito. Não somente por ter um cunho religioso, como também para conhecer mais sobre a si mesmos, podendo ter mais condições de saber sobre seus próprios movimentos e assim enfrentar um inimigo.

Os samurais eram sábios e, certamente, a meditação também ajudava na constituição dessa sabedoria.

Atualmente, é muito difícil que consigamos ter a concentração por várias horas em um único objetivo. Sendo assim, a meditação se torna ainda mais fundamental para a nossa própria saúde mental.

24 de junho

175. DÊ O SEU MELHOR

Em um mundo repleto de informações e extremamente competitivo, muitas vezes nos decepcionamos por não conseguir algo, ou não atingir sucesso em alguma área, e acabamos nos frustrando quando nos comparamos com outras pessoas. Concentre-se no autodesenvolvimento, você precisa ser hoje melhor do que já foi ontem, e se esforçar, dedicar-se para ser melhor amanhã do que é hoje. Isto te trará a tranquilidade e sabedoria para aproveitar os momentos de glória, mas também entender e crescer nos momentos mais difíceis.

25 de junho

176. LIBERTE-SE DO EGO

Considerado o "eu inferior", o ego é uma ferramenta tridimensional que nosso corpo humano precisa para identidade e proteção. Não é quem realmente somos, e sim uma imagem com a qual nos identificamos. Conduzido pelo medo, ele quer estar no controle e até nos impede que nos amemos plenamente. Seguem alguns hábitos para se libertar do ego:

• Procure não ficar ofendido sempre, achando que tudo é pessoal;
• Não queira estar sempre certo em todas as ocasiões;
• Não cultive pensamentos de superioridade. Todos temos qualidades e defeitos.

26 de junho

177. NÃO SEJA APEGADO A COISAS MATERIAIS

Aprender como desapegar das coisas e levar uma vida melhor é essencial para estarmos bem diante da nossa jornada. Desconecte-se de bens materiais e olhe para dentro de si.

Cultive os hábitos das ações abaixo:
- Doe tudo o que estiver sobrando;
- Entenda que bens materiais não preenchem espaços emocionais vazios;
- Elimine o que não lhe traz boas sensações;
- Tome decisões de mudança;
- Substitua coisas por momentos!

Essas ações o deixarão mais conectado com a sua essência e sua espiritualidade.

27 de junho

178. NÃO SE CULPE TANTO

A religião Hindu tem base nos Vedas – textos com os preceitos que regem a religiosidade na Índia. Desde o nascimento de crianças no território da Índia, são transmitidos conceitos que estimulam a espiritualidade, tais como: "Aconteceu a única coisa que poderia ter acontecido".

Os hindus acreditam muito naquilo que chamamos de "destino". Ou seja, para eles, tudo aquilo que ocorre não poderia ter sido de outra forma. Qualquer acontecimento tem seu formato e momento corretos para que se possa viver a experiência mais rica e cabível ao período que se passa.

Sendo assim, todas as situações são perfeitas como experiência e fonte de aprendizado para que uma futura etapa se concretize. Diante desse ensinamento hinduísta, não se culpe tanto por alguns acontecimentos. É claro que temos a nossa responsabilidade, mas certos fatos são inevitáveis.

28 de junho

179. PRATIQUE A ESPIRITUALIDADE

A espiritualidade é uma filosofia? Um estilo de vida? Um tipo de energia? Embora haja espiritualidade na religião, esta não está ligada diretamente à espiritualidade. Do latim, espiritualidade significa "sopro de vida", coragem e vigor. Ou seja, a espiritualidade já está em nós; já a religião é um canal para se "religar" ao que se acredita.

Os princípios da espiritualidade são pautados no amor, no perdão e na evolução pessoal e coletiva. A espiritualidade também o coloca em frente às suas sombras – sim, todos nós temos um lado bom e outro não tão bom assim. E reconhecer isso é o melhor caminho para evoluirmos.

Pratique a espiritualidade: cultive o autoconhecimento, faça meditações, silencie a mente e conecte-se consigo mesmo. Pratique também o amor, o perdão, o autoperdão e a caridade. Sua jornada ficará muito mais leve!

29 de junho

180. RECONHEÇA SEU PAPEL NO MUNDO

A reflexão da espiritualidade é o primeiro passo para encontrar seu próprio lugar no mundo. Praticar a plenitude requer, primeiramente, entender quais valores são importantes para sua vida e com quais você mais se identifica. São eles que vão determinar as virtudes e atitudes que poderá praticar no dia a dia.

Diante disso, analise diariamente seu papel no mundo e verifique se está em direção ao seu real propósito. Acredite, estamos nesta vida para termos a evolução necessária para atingirmos o melhor dentro de nossa espiritualidade.

30 de junho

181. MUDE A ENERGIA DO AMBIENTE

Existem pequenas atitudes capazes de aumentar a espiritualidade no dia a dia. Estar em um ambiente com boa energia é um fator essencial para conectar-se com você mesmo. Diante disso, siga esses bons hábitos diários:

• Abra as janelas! Essa é a forma mais rápida de modificar a energia de um lugar. A luz solar é fonte de vida;

• Limpe e organize! Quando estamos em um ambiente organizado e limpo, a nossa mente envia uma mensagem de tranquilidade, passando uma sensação de energia renovada;

• Preste atenção aos sons! O som purifica as energias, equalizando as frequências;

Agora é a sua vez de colocar seus conhecimentos em prática! Marque os hábitos que já conquistou e os que almeja alcançar. Se preferir, trace um plano para conquistar suas próximas metas.

FAMÍLIA

1º de julho

182. O CASAL É A BASE

Este é um princípio que está sendo esquecido nos dias atuais e, por isso, acabamos enfrentando situações difíceis no dia a dia.

O casal é a base da família, e até que novas famílias se formem, é ele quem manterá a família sólida nos tempos mais desafiadores, e mais forte para aproveitar as oportunidades para crescer. É lógico que os filhos são os amados frutos do casal, mas evite a superproteção dos filhos em detrimento da união da base familiar, que é o casal.

Se o casal estiver fortalecido, automaticamente, os filhos estarão mais acolhidos e protegidos.

2 de julho

183. AO SAIR, DÊ ATÉ LOGO E DEIXE UMA BOA MENSAGEM

Eduque-se ao sair de casa. Ao se despedir de todos, deixe um bom sorriso e uma mensagem. Isso marcará que, a partir daquele momento, você está ausente e que esta ausência será sentida.

Normalmente, no trabalho, as pessoas entram e saem sem sequer se cumprimentarem, e isso é típico de um ambiente onde as pessoas são mais distantes e frias. Não leve esse hábito para sua casa.

3 de julho

184. DEIXE O ESTRESSE ATRÁS DA PORTA

Quando chegar em casa, antes de passar pela porta, respire fundo, lembre-se de que está entrando num santuário, traga paz, harmonia e alegria.

Evite entrar em casa contaminado por energias negativas, frustrações e notícias ruins. Lembre-se: seu lar é o seu santuário. Não que os problemas vão desaparecer ou a sua solução deva ser procrastinada, mas você precisa evitar contaminar este ambiente, pois é nele que você se fortalecerá para enfrentar suas batalhas.

Se você mora com seus pais, adquirindo este hábito, isto lhe trará grandes benefícios quando formar a sua família.

4 de julho
185. CRIE JARGÕES CARINHOSOS

Quando você cria jargões e brincadeiras familiares, intensifica a identidade familiar, formando uma memória afetiva que ficará pela vida toda.

Por exemplo, invista em apelidos carinhosos, como "Papito" e "Mama", e em expressões, tais como "Todos a bordo!" ou "Você já sorriu hoje?!".

Cuidado para que esses apelidos não sejam pejorativos, pois o efeito será inverso ao esperado.

5 de julho
186. TENHA CONTATO FÍSICO

Sempre cumprimente as pessoas da sua família com beijo e abraço. Nessa hora, você, além de transmitir energias boas, consegue perceber o real estado de espírito da pessoa. Sendo assim, esse hábito lhe trará a cumplicidade.

Além disso, você também passa a perceber se a pessoa está bem ou precisa de alguma ajuda. Abrace, beije e aperte!

6 de julho
187. PAI E MÃE

Se você é pai ou mãe, sempre cumprimente seu parceiro antes dos filhos, pois os pais são o alicerce da família e é necessário que isso esteja claro para todos. Esse simples ato garante solidez e segurança a todos os membros da família.

7 de julho
188. FAÇAM AS REFEIÇÕES JUNTOS

Vale ressaltar: comer em família é um momento de comunhão, de cumplicidade e festa. É dividir não somente o alimento, mas as experiências que são contadas à mesa.

Não tenha pressa! Normalmente, os melhores e mais profundos assuntos aparecem na última parte da refeição, é quando aqueles assuntos mais superficiais e midiáticos já foram conversados e aparece espaço para aquele assunto mais intimista e profundo. Pode apostar, bons momentos virão!

8 de julho

189. MANTENHA O BOM HUMOR

Acredite, cada um da sua família é um colaborador e transformador de vidas desta família, e você vai fazer toda a diferença com sua alegria.

Crie o hábito de cultivar coisas boas e divertidas, seja positivo e otimista. Ressalte a felicidade mesmo em momentos mais difíceis.

Muitas vezes, passamos por momentos escuros onde o ambiente pode ser iluminado pela alegria, tornando a solução mais leve e próxima.

9 de julho

190. COZINHAR É UMA FESTA

Já se foi o tempo em que a cozinha era considerada um espaço de serviço. Atualmente, ela se tornou um ambiente de interação, onde a família pode se reunir para conversar e relaxar, enquanto cozinham juntos!

Se tiver crianças na família, os resultados serão ainda melhores! Além de viverem momentos leves e divertidos, cozinhar ainda irá promover o desenvolvimento infantil. Manuseando alimentos e utensílios, a criação trabalha a coordenação motora e pode adotar hábitos alimentares saudáveis.

Diante de tantos benefícios, insira este hábito em sua vida. Você vai ver como é deliciosa essa experiência de cozinhar em família!

10 de julho

191. NÃO MISTURE OS PROBLEMAS

Tentar fingir que os problemas não existem não é a melhor solução, pois, quando enfrentamos grandes desafios, nossos comportamentos mudam. Contudo, por mais desafiador que seja, não misture os problemas do seu trabalho com a sua vida pessoal em família.

Tenha o hábito de, assim que chegar em casa, deixar os problemas para o lado de fora. Tome um banho e crie uma atmosfera mais leve em seu ambiente familiar. Crie momentos para dividir esses problemas com parceiro e filhos. Será importante eles perceberem como você enfrenta os momentos difíceis, pois isso ajuda no amadurecimento das pessoas e das relações.

11 de julho
192. TENHA ATIVIDADES DE LAZER JUNTOS

Apesar de vivermos em uma rotina agitada, é extremamente importante reservar um tempo para o descanso e lazer em família. Afinal, dedicar um momento para curtir as pessoas que mais amamos é essencial para o nosso bem-estar e qualidade de vida.

Sendo assim, crie o hábito de fazerem atividades de lazer juntos, tais como um piquenique, reservar um dia para acampar ou até montar um "cinema em casa". Vocês podem estipular uma noite de jogos de tabuleiro ou fazer uma viagem para alguma cidade próxima. Ideias não faltam para vivermos momentos inesquecíveis!

12 de julho
193. CRIE HÁBITOS ESPECÍFICOS DE SUA FAMÍLIA

Cada ser humano tem hábitos que foram criados ao longo de sua vida e que o transformaram na pessoa que é hoje. Quando um casal se une, por exemplo, é importante criarem novas tradições específicas da sua família. Esses novos hábitos são importantes para favorecer a sensação de construção e pertencimento, solidificando ainda mais a união.

Já para os filhos, esses costumes transmitem segurança e estabilidade emocional, ajudando no desenvolvimento da personalidade e até aumentando a autoestima.

Vale lembrar que antes de determinarem os novos hábitos, é importante que todos gostem, para que não seja motivo de estresse. E lembre-se:

- Os hábitos familiares são fontes de boas lembranças;
- Podem ser simples, mas que se transformem em momentos especiais;
- Inclua todos os membros da família;

• Sejam constantes e façam parte da rotina e da agenda familiar, evitando que caiam no esquecimento com o passar dos anos.

13 de julho
194. ENSINE PELO EXEMPLO

As palavras orientam, mas o exemplo educa. No filme "*O Rei Leão*", da Walt Disney, três valores morais são apresentados: o respeito à família, o exemplo dos pais e o legado dos mais velhos. Mufasa, pai de Simba, por diversas vezes demonstra de forma prática a importância de repassar ensinamentos aos nossos herdeiros, sem nunca os envolver em uma redoma de vidro que os prive de percalços. Aprender com os erros é um dos melhores ensinamentos que se pode ter.

Quando criados de uma forma que os pais sejam sempre os facilitadores para alcançar os objetivos, os filhos jamais atingirão o pleno potencial. Afinal, não foram criados para serem independentes de seus mentores em nenhum momento.

Ensinar de forma prática e por meio do exemplo deve ser um hábito na vida de todos os pais. O respeito, inclusive, se constrói a partir do olhar dos filhos de que pai e mãe conquistaram tudo por mérito e não por mero acaso.

14 de julho
195. RESPEITE OS LIMITES DE CADA UM

Cada indivíduo da família tem seu ritmo, seu jeito de vivenciar os acontecimentos da vida. Tanto os pais quanto os filhos possuem seu modo peculiar de reagir diante dos obstáculos e das surpresas da vida.

Por isso, construa o hábito de respeitar os limites de cada um. Nem sempre o que parece fácil e óbvio para você é também para o outro – e vice-versa. Respeitando essas peculiaridades, é possível amenizar muitos conflitos familiares.

15 de julho
196. PASSE TEMPO DE QUALIDADE COM A FAMÍLIA

Você sabe a diferença entre passar tempo e viver períodos de qualidade com a sua família? Em meio à correria do dia a dia, as pessoas acabam passando mais tempo com as pessoas do trabalho do que com os familiares.

E você pode até passar pouco tempo com as pessoas que ama, mas, se for de qualidade, o relacionamento será diferente. Esses "momentos de qualidade" são aqueles em que você realmente está presente e dedicado exclusivamente para cada pessoa da sua família. São os jantares em que vocês conversam, contam suas vivências, dão gargalhadas, ou pode ser aquela noite de brincadeira com o seu filho, um momento de passeio com a sua filha... O importante é dedicar um tempo a isso, com a cabeça focada no agora, e mostrar que você se importa com eles.

Para conseguir ter esse tempo, a dica é: organize o seu dia. Tem hora para tudo! Acorde cedo, exercite-se, tome café, vá trabalhar, porém, na hora de fazer uma pausa, pare e dê atenção à família. Uma boa dica é manter programas individuais com cada um e também aqueles em grupo. Por exemplo: sexta à noite pode ser o dia da pizza, onde vocês jantam e veem filmes juntos. Crie o hábito de desfrutar de situações para que possam curtir a companhia uns dos outros e assim fortalecer os laços de união.

16 de julho
197. EXPRESSE SEUS SENTIMENTOS

Expressar os sentimentos é uma necessidade do ser humano e parte fundamental da nossa vida. Quando guardamos as emoções e os sentimentos dentro de nós, podemos ter a sensação de estarmos oprimidos, o que faz mal para a saúde mental.

O ideal é conseguir falar sobre os sentimentos e expressá-los no dia a dia com sabedoria. Há quem pense que revelar os sentimentos é demonstrar fraqueza, mas, muito pelo contrário, quando você se expressa, mostra-se forte, está buscando autoconhecimento. Falar e escutar as pessoas é essencial para aprender a lidar com os sentimentos.

Agora, se você não consegue gerenciar as suas emoções sozinho, a dica é buscar um terapeuta. Ele ajudará você a entender quais são os sentimentos que você tem mais dificuldade de expressar e o porquê disso, para que consiga aprender a lidar com eles de forma diferente e evolutiva.

17 de julho
198. APROVEITEM OS AVÓS!

Segundo pesquisa realizada pelo *The Gerontologist*, em 2016, é comprovado que crianças com avós próximos e vínculos sólidos são emocionalmente mais inteligentes, sociáveis, vão melhor na escola e ainda são mais felizes. Para os avós, o vínculo com os netos pode reduzir riscos de depressão e até Alzheimer.

Se essa convivência faz bem tanto para as crianças, como também para os avós, por que mantê-los distantes? Inclua na rotina dos seus filhos momentos de aproveitarem os avós, seja dormindo na casa deles, passeando, enfim, o tempo de qualidade é essencial.

Uma boa dica é estipular dias para visitá-los e incentivá-los a curtirem juntos. Afinal, todos ganham com essa relação, que, além de benefícios para a saúde, transborda amor.

18 de julho
199. USE A TECNOLOGIA A FAVOR DA FAMÍLIA

Entre os inúmeros benefícios da tecnologia está o fato que ela permite encurtar as distâncias. Sabe aquele parente que mora em outro estado ou país e que você não convive o tanto que gostaria? Use a Internet a seu favor e volte a estabelecer esses laços.

Para estarem juntos, nem sempre é possível estar no mesmo local fisicamente. Marque encontros online semanais entre a família, façam atividades juntos mesmo à distância e, claro, comemore as pequenas conquistas nestes momentos memoráveis.

Nos últimos anos, a tecnologia foi o único meio para as pessoas estarem mais conectadas, e o que não faltou foi criatividade. Aniversários, casamentos e outras datas célebres aconteceram através de uma tela e a muitos quilômetros de distância, mas sempre com muito amor envolvido.

19 de julho
200. PRATIQUE A GENTILEZA E SEJA MAIS FELIZ

Já dizia Gandhi: "A gentileza não diminui com o uso, ela retorna multiplicada". Quando somos gentis e cordiais uns com os outros, transformamos o ambiente em que estamos.

São pequenos atos no dia a dia que fazem toda a diferença na rotina. Um "bom dia", um "por favor", ceder lugar para alguém no transporte, abrir uma porta, ajudar a carregar algo, são coisas simples, mas consideradas extremamente gentis.

Segundo pesquisa realizada pela *Harvard Business School*, que avaliou a felicidade em 136 países, as pessoas altruístas são as mais felizes. Esse estudo mostrou que a satisfação sentida após um ato de gentileza tem efeito nessa felicidade, já que aciona a liberação de dopamina, responsável por promover a euforia positiva.

Praticar a gentileza no dia a dia corrido e estressante não é fácil, mas é gratificante. Exercite os pequenos gestos e lembre-se sempre de que não sabemos quais são as batalhas que o outro está vivendo, e um ato de gentileza pode mudar o dia de alguém.

20 de julho
201. FAÇA ENCONTROS COM OS FAMILIARES

Os encontros em família podem ser uma das experiências mais enriquecedoras que fazemos ao longo da nossa vida. Família é um elo de amor, a base que nos fortalece em todos os momentos. As melhores reuniões em família nascem na espontaneidade do dia a dia. Cada encontro é uma oportunidade para demonstrarmos às pessoas que convivem conosco o quanto as amamos.

Perdemos grandes oportunidades, ao longo da nossa vida, de fazermos de cada momento em família um tempo único e especial. Por isso, não se limite a fazer encontros com os familiares apenas em datas comemorativas, como o Natal ou um aniversário.

Crie o hábito de fazer encontros inesperados, nos quais o grande motivo seja o fortalecimento da união. Acredite, as risadas e as conversas inspiradoras irão renovar a sua alma!

21 de julho
202. TENHAM MOMENTOS JUNTOS

Família sempre em primeiro lugar! Por isso, este é o primeiro hábito do nosso capítulo. A família é o nosso alicerce, é o porto seguro onde recarregamos nossas energias e nos fortalecemos para a nossa jornada e nossas conquistas.

No entanto, é natural que, por falta de foco, em determinados momentos, nossos familiares fiquem em segundo plano, já que alguns acontecimentos nos tiram da nossa rota e nos distanciam da nossa família.

Exatamente por conta disso é importante que tenhamos o hábito de ter um tempo reservado e um espaço para a família.

❦ 22 de julho ❦
203. FAÇAM PASSEIOS INUSITADOS

Sabe quais são as memórias que mais nos marcam? Aquelas que não fazem parte da nossa rotina. Faça um exercício agora: pense em momentos especiais da sua vida e em quais lugares aconteceram. Certamente, você se lembrará de ocasiões diferentes e, muitas vezes, únicas!

Fazer passeios inusitados em família ajudam a eternizar momentos especiais. Por exemplo, em vez de fazer o tradicional passeio pelo shopping, que tal fazerem um passeio de balão? Ou, então, irem até uma cidadezinha mais próxima para fazerem um piquenique?

Crie o hábito de quebrar a rotina! E tenha a chance de fazer sua vida em família valer muito mais a pena!

❦ 23 de julho ❦
204. CURTA CADA INTEGRANTE DA FAMÍLIA

Os momentos juntos da família são sempre especiais. Mas você já parou para pensar em quanto tempo passa somente com a sua esposa? Ou com o seu filho? E com a sua filha? Ou até irmã ou irmão? O fato é que, na maioria das vezes, as famílias querem estar juntas e, sim, isso é ótimo, mas também é importante passar um tempo de qualidade somente com cada um. Assim, eles se sentirão ainda mais especiais e importantes.

Marido e mulher precisam de um tempo sozinhos sem os filhos. Assim como, tanto o marido, como também a esposa, precisam de tempo com cada filho. São nesses momentos que criamos laços ainda mais profundos com os integrantes da família. É o momento em que cada um consegue se abrir melhor e expressar seus verdadeiros sentimentos.

O ideal é tentar estipular momentos com cada pessoa da família. Que tal ir ao cinema com a sua filha uma vez na semana? Se você é casado, busque tirar um dia da semana para ter um encontro romântico. Buscando esse hábito, será fácil se conectarem cada vez mais.

24 de julho

205. A ARTE DE DIZER NÃO

Quantas vezes você disse um "Sim" querendo falar um "Não"? Isso acontece pelo medo de não agradar ou então de gerar um conflito. Contudo, experimente dizer "Não" e veja como é libertador!

Você não precisa ser agressivo no seu "não", é possível dizer qualquer coisa com educação e delicadeza. O importante é ser sincero com você e respeitar os seus limites. Afinal, o "não" dito, mesmo que seja difícil, é um ato de respeito a si próprio.

Entenda que dizer não é bem normal, e acaba ajudando a finalizar algo que não daria certo ou na busca de um novo caminho.

25 de julho

206. AS DIFERENÇAS QUE TORNAM AS RELAÇÕES INTERESSANTES

Já pensou que chato seria o mundo se todo mundo fosse igual e gostasse das mesmas coisas? Se todos sabem disso, por que será que é tão difícil lidar com pessoas diferentes? Sim, é fácil lidar com as pessoas que concordam com a gente, mas, quando alguém discorda ou sai do que definimos ser um "padrão", ficamos desestabilizados.

Mesmo vivendo na mesma casa, as pessoas de uma família são diferentes e saber lidar com cada uma é essencial para uma convivência mais harmoniosa. As diferenças servem para nos fazer crescer e trazer aprendizados, não separar. Todo mundo quer um lar que os acolha, então, por que não fazer da nossa casa esse lar, respeitando as diferenças?

26 de julho

207. TODO DIA É ESPECIAL, APROVEITE!

Reflita: se o final de semana não existisse, você ainda assim teria histórias para contar? Se a resposta for "não", está na hora de reavaliar a maneira como está vendo os seus dias.

Roupa nova, fim de semana, um reconhecimento... não espere algo especial para viver. Todos os dias são especiais e devem ser vividos com intensidade. Sabe aquela frase que diz "Viva cada dia como se fosse o último"? Ela é real, porque se tem algo que passa é a vida, e a gente nem se dá conta.

Se a sua rotina não é tão prazerosa quanto você deseja, inclua alguma atividade que faz você se sentir bem. Pode ser até um dia no mês com os amigos que são verdadeiros irmãos para você. Quando se é apaixonado pelo trabalho, ele é recompensador, mas, mesmo assim, viva outros momentos importantes!

Ao invés de dias vazios, tenha uma vida repleta de histórias e momentos felizes com a sua família. Não deixe que o tempo passe e que você se arrependa lá na frente por ter desperdiçado a sua vida!

Construa uma vida épica!

27 de julho
208. ESTEJA PRONTO PARA OUVIR QUANDO ALGUÉM PRECISAR DE APOIO

Muitas vezes, na correria do dia a dia, deixamos de prestar atenção nos sentimentos de quem convive conosco. Um olhar mais cabisbaixo ou uma postura introspectiva podem indicar que algo não está muito bem.

É preciso conhecer a fundo quem amamos para identificar essas mudanças comportamentais, as quais podem ser sutis, porém muito significativas. Diante desse cenário, o melhor caminho é estar pronto para ouvir.

Crie o hábito de olhar nos olhos dos seus familiares e perguntar: "Como você está?".

Na sequência, ouça! Simplesmente ouça as angústias do outro. A sua maior ajuda pode ser o simples fato de prestar atenção no que o outro está sentindo. Ao falar, parece que eliminamos tudo o que está nos angustiando, deixando-nos mais fortes para buscarmos as melhores saídas e soluções.

28 de julho
209. INCENTIVE OS SONHOS DOS SEUS FILHOS

O filme "À Procura da Felicidade", protagonizado pelo ator Will Smith, é um clássico para instigar o hábito de incentivar os sonhos dos seus familiares. A história do longa conta como o personagem Chris Gardner supera todas as dificuldades para dar uma boa vida para o filho em meio a tantos desafios.

Diante da chateação de seu filho, Chris faz questão de lhe dizer para não deixar que outras pessoas lhe impeçam de correr atrás de seus sonhos, nem mesmo ele, que é essencial encontrar maneiras de tornar as metas e os objetivos reais, sem se deixar intimidar pelo que os demais têm a dizer.

Construir essa atmosfera de incentivo é fundamental para os sonhos serem realizados. E mesmo que tudo não aconteça como o esperado, é muito bom voltar para a casa e ter um abraço para nos consolar e nos dar a esperança de tentar novamente.

29 de julho

210. CONHEÇAM NOVOS LUGARES SEMPRE

A vida é um sopro! É preciso fazer valer a pena! Diante disso, um dos melhores investimentos é fazer viagens, viver experiências únicas com as pessoas que mais amamos.

Quando viajamos, temos a sensação de voltarmos renovados. Sem contar que colecionamos imagens que podem ser eternizadas em álbuns e porta-retratos. São essas lembranças memoráveis que nos impulsionam a ir além. Por exemplo, chegar em casa, após um dia difícil de trabalho, e se deparar com fotografias de lugares inesquecíveis que visitou em família, garante um acalento para a alma.

Os novos lugares não precisam ser os mais caros e os mais distantes. Bons momentos podem ser vividos em lugares simples e aconchegantes. Aliás, talvez esses sejam os mais especiais...

30 de julho

211. NÃO TENHA CIÚMES UNS DOS OUTROS

O ciúme é um sentimento bem difícil de controlar e que aparece por diversas razões. Pode ser ciúme entre irmãos, do cônjuge e até entre pais e filhos.

Apesar de bem desagradável, o ciúme é um sentimento natural do ser humano. Pode ser um problema real ou estar presente apenas no imaginário. Só que faz parte do nosso instinto querer eliminar toda e qualquer ameaça que nos tornam inseguros, desprotegidos ou em desvantagem.

Para criar o hábito de não ter ciúmes uns dos outros, pratique:

• Analisar a razão dos ciúmes. Aconteceu realmente um fato ou é algo imaginário?;

• Trabalhar a sua confiança: tenha em mente que não é possível mudar as pessoas, a única pessoa que consegue mudar é você mesmo;

• Manter o diálogo em dia: conversar sempre que se sentir inseguro é uma boa saída;

• Elevar a sua autoestima: cada ser humano tem qualidades e defeitos. Valorize o que há de melhor em você e não se compare com o outro!

31 de julho

212. ENSINE SEUS FILHOS A CRIAREM ASAS

Os melhores presentes que os filhos podem receber são raízes e asas. As raízes são a nossa base, o nosso alicerce. São elas que nos trazem segurança para prosseguir. Já as asas são essenciais para nos sentirmos os protagonistas de nossa própria história.

Desde cedo, comece a dar asas a seus filhos – as maiores e mais resistentes que você puder. Dessa forma, eles conseguem chegar mais longe! Voarão tão alto que você irá se orgulhar. Crie-os para os desafios da vida, faça-os se sentirem fortes e independentes.

Como praticar esse hábito? Não superprotegendo, dizendo "não" quando for necessário, colocando-os em pequenas situações desafiadoras do cotidiano... São simples atitudes como estas que formam um grande cidadão.

1º de agosto

213. ELOGIE AS CONQUISTAS DE TODOS

É válido dizer que o elogio é bem-vindo em todas as áreas da nossa vida. Em casa, na escola ou no trabalho, é importante manifestar nossa apreciação pelas conquistas e esforços dos outros, principalmente na família.

O estímulo nos ajuda a nos mantermos otimistas e mais corajosos diante dos desafios da vida. Por isso, crie o hábito de elogiar a todos em sua família. É uma forma rápida, fácil e importante de elevar a autoestima de qualquer pessoa. É também uma maneira interessante de incentivá-la e desenvolvê-la.

Contudo, siga estas "regrinhas":

• Seja específico ao elogiar. Diga ao familiar o que fez de notável, não generalize;

• Elogie em particular. O elogio não é uma cerimônia de premiação! Faça-o reservadamente para que outros familiares não se sintam diminuídos com o elogio para o outro;

• Elogie somente quando houver motivo: não faça falsos elogios. A verdade em família sempre deve prevalecer.

2 de agosto
214. NÃO ALIMENTE BRIGA ENTRE IRMÃOS

Discussões entre irmãos acontecem em muitas famílias. São conflitos comuns do dia a dia que precisam ser direcionados pelos pais. Contudo, quando não administrados da forma correta, podem gerar desgastes ainda maiores no futuro.

A frase célebre "Você prefere ele do que eu!" tem que ser cortada pela raiz. Caso contrário, pode gerar um desgaste na autoestima capaz de prejudicar a segurança em futuras relações.

Sendo assim, tenha o hábito de não alimentar brigas entre os irmãos. Você precisa:

• Saber a hora de intervir: o ideal é que os irmãos solucionem os conflitos sozinhos;

• Ouvir os dois lados da história e não tomar partido entre os irmãos;

• Dialogar muito: só por meio do diálogo, seus filhos entenderão que é por meio de uma conversa que se resolve os impasses da vida.

3 de agosto
215. VALORIZE AS DATAS COMEMORATIVAS EM FAMÍLIA

O dia a dia está cada vez mais agitado. Em geral, pais e filhos passam a maior parte do tempo distantes, focados em cumprir suas tarefas diárias, seja no trabalho ou na escola. É importante que os compromissos da vida prática sejam atendidos, mas, muitas vezes, os laços familiares se afrouxam sem nem percebermos.

Nesse contexto, precisamos criar o hábito de valorizar as datas comemorativas em família. Esses momentos não têm apenas significado cultural e histórico: eles abrem espaço para restabelecermos os vínculos com as pessoas que mais amamos. Além de descansar um pouco, evitamos que a distância física do cotidiano se transforme em distância emocional.

E não se prenda apenas às grandes datas comemorativas, como Natal e Dia das Mães. Estejam juntos também em outras ocasiões, como o Dia dos Avós (celebrado em 26 de julho) e até no Dia da Família (comemorado em 8 de dezembro). Enfim, motivos não podem faltar para estarem sempre juntos.

Agora é a sua vez de colocar seus conhecimentos em prática!
Marque os hábitos que já conquistou e os que almeja alcançar.
Se preferir, trace um plano para conquistar suas próximas metas.

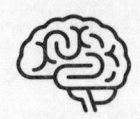

DESENVOLVIMENTO INTELECTUAL

4 de agosto

216. NÃO SIGA A MULTIDÃO

Já ouviu falar no "efeito manada"? Algumas pessoas começam a fazer determinada coisa e, logo, muitas outras começam a fazer o mesmo. Tenha o hábito de ser original, apostar nas suas qualidades, no seu intelecto, e não seguir a multidão.

Este é um hábito, inclusive, dos homens mais bem-sucedidos do mundo: fazer algo que as outras pessoas ainda não estejam fazendo. Grande parte das pessoas não consegue atingir o sucesso porque faz praticamente de tudo para se adaptar à sociedade.

5 de agosto

217. LEIA MAIS

A leitura é transformadora. Por meio do hábito de ler, podemos frequentar cidades inventadas, viajar para mundos imaginários e até mesmo criar um vínculo afetivo com os personagens dos livros. Acima de tudo, desde a publicação dos primeiros livros, a leitura é uma fonte inesgotável de conhecimento. Como afirmou o filósofo Voltaire, "a leitura engrandece a alma".

Vale lembrar que os tops CEOs do mundo leem, em média, 15 livros por ano. Já a média da população brasileira lê 1,5 livros anualmente. Há um ditado inglês que diz *"The more you learn, the more you earn"*, ou seja, "Quanto mais você aprende, mais você ganha!".

Bill Gates, fundador da *Microsoft*, por exemplo, tem o hábito de leitura de livros importantes – aqueles clássicos que enfrentaram a barreira do tempo e são sucesso até hoje, tais como obras de Aristóteles e Platão. Segundo o documentário "O Código Bill Gates", Bill viaja sempre com uma sacola de livros. É um leitor voraz! Lê livros de diversos assuntos e tamanhos! Boas dicas para fortalecer o hábito da leitura são:

- Reserve um tempo do seu dia para a leitura;
- Visite livrarias com frequência;
- Escolha títulos compatíveis com a sua preferência;
- Desconecte-se para ler;
- Tenha sempre um livro com você!

6 de agosto
218. PRATIQUE A QUIETUDE

Praticar a quietude só aumenta o seu desenvolvimento intelectual. Oprah Winfrey – apresentadora norte-americana que já foi considerada uma das celebridades mais poderosas do mundo pela *Revista Forbes* – tem o hábito de sentar-se em silêncio por 20 minutos duas vezes ao dia.

Os benefícios do ato de ficar em silêncio reduz o estresse, melhora a produtividade, facilita a criatividade e mantém o bem-estar geral. Esse hábito deve ser praticado, inclusive, aos fins de semana. Muitas vezes, aos sábados e domingos, acumulamos diversas funções, entre compromissos familiares e sociais, além de focar na organização pessoal, o que pode ser ruim para começar uma semana próspera.

Adotar o hábito da quietude diariamente ajuda a elevar a sua capacidade e o seu intelecto.

7 de agosto
219. PRIORIZE SEUS RELACIONAMENTOS

Existem relacionamentos que nos beneficiam a construir riquezas. Chris Hogan, autor do livro "*Everyday Millionaires*" (*Milionários do dia a dia*), da English Edition, estudou aproximadamente 10.000 milionários americanos por sete meses e descobriu que eles costumam possuir quatro tipos de relacionamentos principais: um treinador, um mentor, um "líder de torcida" (aquela pessoa que sempre apoia e incentiva suas decisões) e um amigo verdadeiro.

Sendo assim, cultive o hábito de sempre ter esses tipos de relacionamento por perto, e não fique próximo a pessoas que desgastam a sua energia (provocando o efeito reverso).

8 de agosto
220. ESQUEÇA A TELEVISÃO

Um dos maiores vilões das suas conquistas é a televisão. Se tiver consciência do tempo que você perde em frente à TV – maratonando séries, por exemplo – ficará impressionado com tudo o que está deixando de fazer e que poderia agregar muito mais valor ao seu dia.

Pessoas bem-sucedidas intelectualmente, como Bill Gates, têm o hábito de ler livros em vez de assistirem à televisão por um simples motivo: qualidade do conteúdo.

Saber escolher a qualidade do conteúdo que você consome em seu tempo livre é a chave-mestra para modificar sua visão e seu conceito sobre a vida, a carreira e os negócios.

9 de agosto
221. BUSQUE CONHECIMENTO CONSTANTE

Já há mais de 500 anos, os guerreiros samurais entendiam claramente a importância do crescimento e do conhecimento constante. Miyamoto Musashi, o mais famoso samurai do Japão que viveu de 1584 a 1645, destacou um ponto importante sobre o código do *Samurai Bushidô* (significa o "caminho do guerreiro"): "Melhore constantemente suas habilidades e seu conhecimento para o sucesso na sua vida".

É natural do ser humano se acomodar e viver na chamada "zona de conforto", ou seja, viver apenas aquilo que já está dando certo, sendo avesso às mudanças. No entanto, os guerreiros orientais falavam sobre a importância de manter a mente aberta e receptiva.

Para progredir e alcançar novos voos, é preciso constantemente mudar e aprender, por mais que seja um processo doloroso. Afinal, todo novo aprendizado requer um gasto maior de nossa energia.

Busque conhecimento constante! Torne essa prática um hábito em sua rotina. É importante para a nossa evolução, sobretudo como seres humanos.

10 de agosto

222. APRENDA COM OS SEUS ÍDOLOS

Quais são as três pessoas que você mais admira na sua profissão ou no seu negócio? Quando Edwin C. Barnes decidiu trabalhar com Thomas Edison (o inventor da lâmpada elétrica), ele ganhava apenas US $12 mil dólares ao ano e morava muito distante de Edison.

Barnes queria aprender com o melhor da sua área de atuação, mesmo que tivesse que trabalhar de graça a princípio. Resultado? Após passar por diversas funções no negócio, Barnes virou sócio de Edison e tornou-se um milionário.

Se quer ser como quem você admira, tenha o hábito de aprender com eles. Não necessariamente precisa ir até eles pessoalmente, mas aprenda tudo o que seu ídolo fez para chegar onde chegou. Estudar o caminho do sucesso o ajudará a não passar pelas dificuldades que eles passaram e a compreender os caminhos que fizeram deles homens ou mulheres sucedidos em suas vidas.

11 de agosto

223. ANDE COM OS MELHORES

Sigmund Freud, criador da Psicanálise, explica, em um de seus estudos, que a personalidade humana se origina a partir de retalhos de costuras de roupa, construídos a partir de fragmentos da personalidade de pessoas que convivemos durante a nossa vida.

As pessoas com quem convivemos influenciam – direta ou indiretamente – no nosso comportamento e nas nossas escolhas.

Por exemplo, George Lucas, antes de se tornar um renomado diretor e criador da saga Star Wars, conheceu e conviveu com seu parceiro Steven Spielberg, que ajudou Lucas a estudar cinema na *FOX*.

Mark Zuckerberg, cofundador do site de mídia social *Facebook* e sua empresa-mãe, *Meta*, contou com a amizade de Sean Parker, cofundador do aplicativo *Napster*, para conhecer melhor o mundo dos negócios e expandir o *Facebook* por meio dos investidores certos.

Esses são apenas alguns exemplos de pessoas que andaram com as pessoas certas e se deram bem em sua jornada. Não por interesse, mas por saberem que em boa companhia você chega mais longe.

Há uma frase do palestrante e consultor Jim Rohn que ainda reforça "Você é a média das cinco pessoas com quem mais convive". Olhe ao seu redor e responda: "Qual é a minha nota hoje?".

12 de agosto
224. PENSE MENOS, FAÇA MAIS

O grande diferencial de quem conquista algo na vida se deve ao fato de que eles pensam menos e fazem mais. Isso porque o universo não fica parado, nada fica estático. Até quando você pensa que está parado, na verdade, está em movimento, pois o planeta está girando...

Diante disso, tenha o hábito de planejar, criar metas, mas não se preocupar em errar. O erro é parte intrínseca do processo, pois, se você errou, é porque começou e está fazendo algo, podendo aperfeiçoar.

Não pense demais para dar o primeiro passo!

13 de agosto
225. CONHECIMENTO NÃO SE GUARDA, DEVE SER COMPARTILHADO!

Se existe uma coisa que quanto mais você compartilha, mais você tem é o conhecimento. O filósofo e escritor Mario Cortella tem uma frase muito interessante que diz "Afeto e conhecimento são duas coisas que, se você guardar, você perde".

Há pessoas que acreditam que precisam ser as "donas da informação", mas pensar dessa forma é completamente egoísta. Quando você compartilha conhecimento, você transborda e quer sempre buscar novas informações e desafios para evoluir.

Atualmente, há várias maneiras de compartilhar aquilo o que sabe, pode ser no trabalho, organizando mentorias e treinamentos; na Internet, criando infoprodutos, como e-books e cursos, ou até mesmo criando conteúdo de valor no seu perfil do *Instagram*.

Outro erro é pensar que o conhecimento que detém é óbvio, mas lembre-se de que nada é tão óbvio que não precise ser dito. Pense nisso e cultive o hábito de transbordar conhecimento.

14 de agosto

226. QUANTO MAIS IDIOMAS SOUBER, MELHOR!

Da mesma forma que compartilhar conhecimento é importante, seguir estudando para se tornar mais sábio, também é. Aprender novos idiomas vai trazer confiança para que você explore oportunidades de trabalho e também o mundo – por que não?

Quando você aprende um idioma, estimula os neurônios! Além disso, sua memória também fica melhor, e o cérebro passa a ter mais facilidade para tomar decisões rapidamente.

Aprender idiomas também pode impulsionar a sua vida profissional. Ser um cidadão que é capaz de se comunicar com pessoas de vários lugares do mundo, com certeza, abrirá muitas portas.

Sem contar, é claro, que as suas férias nunca mais serão as mesmas. Quando você consegue se comunicar, conhece melhor diferentes culturas. E nada melhor do que também conhecer como são os hábitos em outros países.

15 de agosto

227. SINTA A MÚSICA E O BEM-ESTAR QUE ELA PROPORCIONA

Não é só quem canta que seus males espanta, quem toca um instrumento musical também garante sensação de bem-estar e benefícios para a saúde.

Aprender a tocar um instrumento ajuda a estimular diferentes áreas do cérebro, além de melhorar a memória, coordenação motora e a concentração.

Mas o melhor está na sensação de bem-estar que a música proporciona. Quando você concentra toda a sua atenção em algo emocional como a música, consegue trabalhar seus sentimentos e fazer com que o corpo libere os hormônios de felicidade, como a endorfina e a serotonina.

E a boa notícia é que isso é contagiante! Quando você toca uma música para alguém, também consegue compartilhar essa sensação com as pessoas que estão escutando. Viu só como a música pode ser poderosa?

16 de agosto
228. ETERNIZE SUAS HISTÓRIAS

Já pensou em escrever um livro contando a sua história para deixá-la para a posteridade? Um livro no qual seus netos e até bisnetos possam ter acesso e conhecê-lo um pouco mais?

Considere a ideia de ter um diário para registrar as suas experiências e vivências. Atualmente, há várias formas de se manter um. Você pode ter um diário clássico, usando papel e caneta, pode ter um diário digital, no qual narra suas histórias em áudio, um geo-diário, onde relata os lugares especiais para onde foi, um diário fotográfico ou até de rabisco, que combina desenho e palavras. Já viu que opções para contar a sua história não faltam, né? Vamos lá, crie o hábito de registrar suas vivências!

Este hábito fará você refletir sobre sua vida e como melhorá-la. Marco Aurélio, o Grande Imperador Romano, que é um dos mais aclamados filósofos estoicos, tinha o hábito de escrever suas reflexões – estas foram compiladas e se transformaram em um dos livros mais importantes de todos os tempos, *Meditações*.

Acesse, gratuitamente, o livro "Meditações", de Marco Aurélio, pelo QR Code abaixo:

Escreva sua história, construa seu legado.

17 de agosto
229. DESAFIE-SE TODOS OS DIAS

Que graça teria essa vida se não fossem os desafios diários? Desafiar-se é ter frio na barriga, se conhecer por meio da prática do desconhecido.

É comum acharmos que desafios são coisas grandiosas, mas eles podem ser coisas simples do dia a dia e que nos dão aquele frio na barriga. Pode ser um novo negócio para desenvolver, aprender um novo esporte, uma nova habilidade... E tem coisa mais gostosa do que a sensação de conquista e de superação? Qual foi a última vez que fez algo pela primeira vez?

Viver desafios diariamente faz com que você saia da zona de conforto e evolua em várias áreas da vida. Os seres humanos costumam viver no automático, na correria, fazendo coisas por fazer e, quando os pequenos desafios são colocados em prática, a atenção se volta sobre eles, e as pessoas passam a ver a vida de outra forma.

E aí: você está se desafiando diariamente ou apenas existindo?

18 de agosto

230. EXERCITE A IMAGINAÇÃO COMO UMA CRIANÇA

Da mesma forma que o seu corpo precisa ser exercitado, a sua imaginação também. Quando somos crianças, estimulamos a imaginação com frequência, mas basta chegarmos à vida adulta, para que isso se perca e sejamos mais racionais. O que é um erro porque, na vida adulta, a imaginação ajuda a estimular a criatividade, uma habilidade essencial para os profissionais de sucesso.

É a imaginação que possibilita enxergar novas possibilidades, combinar ideias, fazer associações entre experiências e aprendizados, e buscar relações entre as coisas para gerar novas ideias.

Começamos a desenvolver a imaginação na infância, mas quem disse que não podemos aprimorá-la na vida adulta? A dica para criar esse hábito é ser leve, deixar a mente viajar, pensar sem regras e sem preconceitos, afinal, não existem barreiras para a criatividade.

19 de agosto

231. APRECIE A VIDA COMO UMA PESSOA IDOSA

Quando o tempo se torna escasso, os valores mais importantes ganham relevância.

Observe que, para as pessoas idosas, que já passaram pela loucura da juventude e agora enxergam que não têm mais tempo a perder, valorizam as coisas realmente essenciais.

Aprenda com eles a valorizar o que realmente importa.

20 de agosto
232. CULTIVE BONS RELACIONAMENTOS E TENHA GRANDES APRENDIZADOS

Tom Jobim já dizia que "é impossível ser feliz sozinho". E ele está certo! Estudos mostram que cultivar relacionamentos faz muito bem para a saúde.

Conviver com pessoas com vivências, experiências e ideias diferentes faz com que estimulemos nosso pensamento crítico e aprendamos a respeitar as diferenças. Todo mundo que passa pela nossa vida deixa um pouco de si, portanto, absorva o melhor das relações.

Conviver com as pessoas não é fácil, é um grande desafio encontrar harmonia nas relações. Isso porque cada ser humano tem a sua visão de vida, porém, conectar-se com mentes diferentes o ajudará a se abrir para o mundo. O importante é cultivar o hábito de exercitar a sua sociabilidade. Lembre-se sempre de que a solidão adoece, e o encontro enriquece.

21 de agosto
233. OBESIDADE CEREBRAL? NEM PENSAR!

Você provavelmente conhece alguém que é muito inteligente, estuda bastante, faz cursos, lê vários livros, mas que, no dia a dia, não consegue colocar em prática nada do que aprende e acaba não saindo do lugar. Isso é chamado de obesidade cerebral, um excesso de informações sem atitude.

Adquirir conteúdo é bom em qualquer momento, mas colocar em prática e compartilhar esse conhecimento é melhor ainda. Se você não transborda, fica acumulando conhecimento e não consegue absorver coisas novas.

Conhecimento e atitude devem andar lado a lado. Estude, consuma conteúdo, mas adapte para a sua realidade e rotina, pois só assim você conseguirá ver resultados e colher bons frutos.

Coloque seu conhecimento em ação!

22 de agosto
234. PROCURE NOVAS EXPERIÊNCIAS E APRENDIZADOS

Vivendo, experimentando e aumentando o conhecimento sobre a vida, o mundo e todas suas maravilhas, trabalhe positivamente em um desenvolvimento pessoal. Uma pesquisa da Universidade do Estado de São Francisco (Estados Unidos) provou como as pessoas que gastam dinheiro em experiências em vez de itens materiais são simplesmente mais felizes.

Isso não significa apenas viajar o mundo com uma mochila. Existem muitas formas diferentes de expandir sua perspectiva, levando em conta sua própria essência e gostos. A única coisa para manter em mente é que deixar sua zona de conforto e adquirir uma aproximação com uma vida longa de aprendizados é a chave para realizações positivas.

Tenha o hábito de expandir novos horizontes para ser mais feliz!

23 de agosto
235. NEM TODOS PRECISAM CONCORDAR COM VOCÊ

Imagine só que chato se todos tivessem a mesma opinião? Se todos gostassem do azul, o que seria do amarelo? As pessoas possuem gostos e opiniões diferentes e saber conviver com isso é essencial para viver em harmonia.

Valorize opiniões diferentes da sua, elas o ajudarão a crescer e desenvolver o pensamento crítico. Escute, tente entender o ponto de vista de outras pessoas e exponha o seu. Ninguém é obrigado a concordar, mas toda situação tem mais de um lado e por que não abrir a mente para isso? A tolerância e o respeito pelas opiniões diferentes mostram muita maturidade.

É importante entender o divergente, questionar-se, mas também defender suas crenças e posições.

24 de agosto
236. FLORESÇA PARA A VIDA

Pessoas de sucesso sempre têm alguma coisa para provar para si mesmos. São movidas por desafios e criadoras de suas próprias provocações.

Desafios desenvolvem a resistência mental, afastam o medo, inspiram atitudes corajosas, testam os limites, geram atenção focada, amadurecem perspectivas e constroem autoconfiança.

É por meio dos desafios que pessoas bem-sucedidas estabelecem objetivos ambiciosos para serem alcançados. É assim que pessoas de sucesso crescem, se desenvolvem e florescem!

Agora é a sua vez de colocar seus conhecimentos em prática!
Marque os hábitos que já conquistou e os que almeja alcançar.
Se preferir, trace um plano para conquistar suas próximas metas.

_____
_____
_____
_____
_____
_____
_____
_____
_____
_____
_____
_____
_____
_____
_____
_____
_____
_____
_____
_____
_____

AMOR

25 de agosto

237. CULTIVE O HÁBITO DA BOA AÇÃO

Praticar boas ações não é somente ajudar quem é necessitado ou fazer algo fora do comum, mas sim alinhar suas ações para que elas sempre estejam criando algo positivo para você e para quem está ao seu lado.

Fazer boas ações nos leva a um estado de pensamentos e energias mais positivas, o que consequentemente torna nossa vida mais saudável.

Esse hábito não está relacionado a dinheiro simplesmente. Olhe ao seu redor e reflita de qual maneira você pode ajudar o outro sem pensar em conseguir nada em troca. Não espere as condições perfeitas para agir!

26 de agosto

238. DEITEM-SE NO MESMO HORÁRIO

No início da vida a dois, é comum os casais irem dormir juntos, na mesma hora, para estreitar os laços que possuem. Contudo, quando faz muito tempo que o casal está junto, cada um passa a escolher os seus horários... Cuidado!

É importante cultivar o hábito de deitarem juntos. O contato íntimo – físico e mental – na cama é muito importante.

E mesmo que ainda estejam chateados um com o outro, falem: "Boa Noite" antes de dormir. É uma forma de fazer nosso parceiro entender que, ainda que não estejam no melhor dia entre vocês, existe um elo de amor e zelo.

27 de agosto

239. MANDE MENSAGEM DURANTE O DIA

Cultive o hábito de se preocupar com o outro e envie mensagens quando ele menos esperar! Não é mensagem de cobrança no estilo: "Onde você está?" ou "Vai demorar muito?", e sim textos carinhosos como: "Passando para dizer que Te Amo!".

Essa é uma boa maneira de manter a empatia com o parceiro. Ter conhecimento de como está sendo o dia do outro é bom também para saber como agir quando se encontrarem.

28 de agosto
240. CAMINHEM DE MÃOS DADAS

Um casal feliz e em harmonia sente orgulho de segurar a mão um do outro. Ao fazer isso é como se cada pessoa o assumisse para o mundo, e melhor: tendo orgulho dessa escolha! Além disso, o fato de caminharem juntos é uma forma de sentir que vocês têm um destino em comum, de sincronizar os passos.

Diante disso, esteja lado a lado um do outro, com as mãos entrelaçadas e firmes!

29 de agosto
241. FALE "EU TE AMO"

Diga "Eu te amo" ao menos uma vez no dia.

Declarar o amor verdadeiro, sem receios e sem rodeios, é uma das formas mais puras desse sentimento tão nobre. Não economize em falar ao seu cônjuge, pais, filhos e amigos verdadeiros.

Na Grécia Antiga, os apaixonados costumavam atirar maçãs contra seus alvos românticos como forma de declarar seu amor. É claro que esse hábito não pode virar uma prática atualmente, contudo, declarar seu amor com essa mesma intensidade nunca sairá de moda.

Ame, beije, mande flores, abrace, escute, respeite. Há tantas formas de dizer "eu te amo" em ações. Essas pequenas declarações de amor são uma maneira de cultivar a paciência e a tolerância, amenizando problemas, dificuldades e outros incômodos que podem acontecer na vida de qualquer pessoa.

30 de agosto
242. NÃO CRITIQUE SEU PARCEIRO EM EXCESSO

As críticas fazem parte da vida e dos relacionamentos. Contudo, lidar com a crítica não é simples; por vezes, nos magoamos ou rebatemos as argumentações, sendo que o melhor caminho é refletir o que foi dito e entender se há fundamento ou não.

Existem as críticas construtivas – aquelas que focam na melhoria – e as destrutivas – aquelas que apenas focam apenas no problema. Ou seja, a crítica construtiva não foca nos defeitos da pessoa, mas sim em soluções. É possível dizer o que pensa ou sente sem atacar o outro.

Diante desse cenário, cultive o hábito de fazer críticas construtivas no dia a dia. Exemplos: em vez de "Por que você nunca limpa a casa? Você é muito preguiçoso" (crítica destrutiva), prefira "O que podemos fazer juntos para deixar a casa mais organizada e limpa?" (crítica construtiva).

Mesmo a crítica construtiva deve ser usada com moderação. Caso contrário, será um "relacionamento de cobranças", o que é muito ruim. Entenda que cada um tem um jeito e uma forma de agir. Foque sempre nas virtudes do outro e, juntos, cresçam e aperfeiçoem os pontos a serem trabalhados.

31 de agosto

243. REAFIRME O COMPROMETIMENTO

Depois de anos de relacionamento, algumas pequenas ações podem ser colocadas de lado. Desde expressões que revelem a felicidade de estarem juntos até alguns mimos que reacendem o relacionamento. Não deixem isso acontecer!

Cultive o hábito de destacar o quanto é feliz na presença do outro, dê pequenos presentes, faça surpresas e reforce o compromisso entre vocês por meio de pequenas atitudes que demonstrem o amor.

1º de setembro

244. HONRE SEU PAI E SUA MÃE

Muitas pessoas com traumas de infância dizem "Eu não tenho pai" ou "Vou ser o oposto do que meu pai ou minha mãe foram para mim!". Quando você nega os seus pais, não permite que eles cheguem até a sua vida, você está desonrando a sua origem. Isso é capaz de tirar você totalmente do seu eixo. Suas raízes importam, por mais que não tenha tido um convívio (saudável) com seu pai ou sua mãe.

Honrar seus pais é aceitar em seu coração as escolhas deles e seguir seu caminho, concentrando-se em dar certo na sua vida. Lembre-se: você é o maior projeto da vida de seus pais, pois eles lhe deram a vida.

2 de setembro

245. CRESÇA COM SEU CÔNJUGE

Você e o seu parceiro precisam ter um propósito juntos. Estando alinhados, conseguirão incentivar e motivar um ao outro. Além disso, com duas pessoas na "mão de obra", poderão produzir em dobro!

Juntos, escrevam metas claras sobre o que desejam atingir: seja para o crescimento e fortalecimento da família, seja para a evolução nos negócios. Não existe "o meu e o seu", deve existir "o nosso".

No entanto, caso você não confie no outro para compartilhar seus objetivos e crescimentos, é válido revisar as suas escolhas.

3 de setembro

246. SEJA MELHOR DO QUE FOI ONTEM, E NÃO MELHOR DO QUE NINGUÉM

Existem pessoas que nos inspiram, é verdade. No entanto, nunca podemos comparar nossas batalhas e conquistas com as de outras pessoas. Afinal, elas vivem em outros cenários, outras conexões...

Cultive o hábito de ser sempre melhor do que foi ontem, e não de ser melhor do que ninguém. O desafio maior é vencermos a nós mesmos. Quando a luta interna estiver resolvida, todos os outros obstáculos ficam mais fáceis de serem ultrapassados.

4 de setembro

247. PRATIQUE O PERDÃO

Os religiosos dizem que o perdão é a cura dos humanos. Isso é dito porque, quando praticamos o perdão, nos livramos de sentimentos ruins que travam o nosso desenvolvimento, como o rancor, a raiva e até a vingança.

É difícil perdoar? Muitas pessoas acreditam que perdoar é esquecer algo que fez mal, mas não é isso. Perdoar é lembrar do que aconteceu, mas, mesmo assim, permanecer em paz com aquilo que lhe fez mal.

Praticar o perdão é um aprendizado constante e diz muito sobre maturidade. Reflita sobre o ocorrido e analise se realmente vale a pena seguir remoendo aquilo. O que você ganha ao guardar tanto rancor? Livre-se deste "lixo tóxico" que só faz mal para a sua alma e o prende em coisas ruins do passado, bloqueando sua oportunidade de ser feliz no presente.

Quando perdoamos, fazemos bem ao próximo e também a nós. Cultive sempre o hábito do perdão em sua vida e experimente viver dias de paz interior, sentimento este que nos dá força para alcançarmos o que quisermos.

5 de setembro

248. AME COMO SE FOSSES MORRER HOJE

Essa frase é de Sêneca, um dos mais célebres escritores e intelectuais do Império Romano, sendo também o principal representante do Estoicismo – escola e doutrina filosófica que surgiu na Grécia Antiga e que preza a fidelidade ao conhecimento.

O que podemos aprender com este conceito? Crie o hábito de demonstrar o seu amor diariamente, como se fosse uma despedida. Portanto, fale com as pessoas de tal modo que elas guardem de você as palavras mais ternas e compreensíveis. Não perca a oportunidade de mostrar seu afeto a cada pessoa que cruzar o seu caminho hoje.

Não adie o amor, não protele o sorriso, a boa palavra, o beijo de ternura... Isso porque ninguém sabe se amanhã poderemos reencontrar as pessoas que mais amamos. "Somos espíritos imortais, mas a experiência na Terra tem prazo de validade. E ninguém sabe quando esse prazo expira", reforçou Sêneca.

Viva no tempo presente com intensidade. Sêneca ainda deixa essa mensagem de fundo para evitar o arrependimento de oportunidades não aproveitadas: "Um dia sem amor é um dia perdido".

6 de setembro

249. DEUS ACIMA DE TODAS AS COISAS

Está na Bíblia que devemos amar a Deus acima de todas as coisas, mas como praticar esse amor no dia a dia? Pense em um relacionamento: quando uma pessoa ama a outra, deseja passar mais tempo com ela e agradá-la, certo? Quando você ama a Deus é a mesma coisa, tem vontade de se aproximar Dele e fazer tudo para agradá-lo.

Praticar esse amor no dia a dia é mais fácil do que se imagina, basta seguir os ensinamentos deixados por Ele. Tenha uma rotina de contato com Deus, estude a Bíblia, ore, confesse, ame o próximo e busque fazer o bem e ajudar a todos que puder. Viver uma vida em harmonia com Deus é não abrir espaço para o egoísmo e a maldade.

Se mesmo assim ficar em dúvida, siga os mandamentos que nunca ficarão ultrapassados. Na Bíblia, há uma passagem de João 14:21 em que Jesus explica: "Aqueles que aceitam os meus mandamentos e lhes obedecem são os que me amam".

Independentemente da sua crença, pratique o bem – esse certamente é o melhor caminho para amar a Deus.

7 de setembro
250. TENHA COMPAIXÃO PELOS OUTROS (E POR VOCÊ!)

É comum que as pessoas confundam a compaixão com a empatia e realmente são coisas parecidas. A diferença é que, na compaixão, além de ter a capacidade de compreender o estado emocional de outra pessoa, também existe o desejo de reduzir o sofrimento. É se colocar no lugar do outro e, ao mesmo tempo, querer ajudá-lo.

Para praticar a compaixão, o primeiro passo é praticar a empatia. Como você tem encarado os sentimentos dos outros? Você se coloca no lugar deles? Após essa reflexão, pense em como você pode ajudar o outro. Lembre-se que, mesmo que não possa ajudar com atitudes, você pode oferecer um ombro amigo, que já faz toda a diferença!

Vale lembrar que também é importante ter compaixão por si mesmo, encarando os problemas de frente e pegando mais leve consigo mesmo. Não se cobre tanto e tenha o hábito de respeitar os seus limites.

8 de setembro
251. AME-SE MAIS!

Meu pai, uma pessoa simples, mas muito sábia, costumava dizer: "Quem gosta mais de você é você mesmo." Essa frase define... muito bem o conceito de autoestima. Antes de amar qualquer pessoa, é preciso amar a si mesmo. Para a maioria das pessoas, trabalhar a autoestima não é uma tarefa das mais fáceis, mas é essencial para viver melhor.

A autoestima não está relacionada a ser soberbo, ela é saudável e ajuda a pessoa a se sentir segura para perseguir aquilo que deseja.

A boa notícia é que desenvolver sua autoestima só depende de você. E o primeiro passo é ser firme e pensar positivamente. Lembre-se que você é único e merece ser feliz! Outra dica é dedicar-se àquilo que você gosta de fazer. Quando vivencia boas emoções, você automaticamente se torna mais feliz.

Valorize também as suas qualidades. É comum termos o hábito de lembrar apenas daquilo que não nos agrada, mas é importante apreciar nossos pontos positivos. E, por fim, evite pessoas negativas e que sugam a sua energia, elas são péssimas para a sua autoestima.

Lembre-se de focar no seu autoconhecimento sempre, afinal, só é possível amar alguém que você conhece.

9 de setembro

252. HUMILDADE ACIMA DE TUDO

O filósofo chinês Confúcio tem uma frase que diz "A humildade é a única base sólida de todas as virtudes". Engraçado que muitos associam a humildade à fraqueza e à pobreza, mas é totalmente o contrário! A humildade é uma virtude e sinal de força.

A humildade pode ser considerada como um processo psicológico a partir do qual uma pessoa se relaciona consigo e com os outros de forma realista, mantendo sempre os pés no chão, reconhecendo seus erros, acertos e até onde pode ir.

Com alguns passos práticos, é possível praticar a humildade no dia a dia.

Tente enxergar sempre o melhor das pessoas, todo mundo é bom em algo.

Outra grande virtude relacionada à humildade é reconhecer os seus erros e corrigi-los. Reconheça também as suas dificuldades e a importância das pessoas na sua vida. Lembre-se que ninguém vai a lugar nenhum sozinho.

Servir os outros também é um grande ato de humildade. O que você pode fazer a quem precisa? Faça de coração e sem alarde, gere valor.

No dia a dia somos invadidos pelo ego, pela ganância e podemos deixar a humildade de lado, mas coloque-a sempre antes de qualquer coisa. A humildade é uma virtude poderosa e colocá-la em prática todos os dias o tornará uma pessoa melhor.

10 de setembro

253. APRENDA A CEDER

Em qualquer estilo de relacionamento, em alguma circunstância, um deverá ceder. Isso porque, algumas vezes, chegar a um consenso pode provocar grandes discussões. É claro que discutir pontos de vista é saudável, porém, em algumas situações, nenhuma decisão consegue ser tomada se uma das partes não ceder.

O ideal é existir um equilíbrio: em determinadas situações, um abre concessão para satisfazer a vontade do outro; já em outras, ocorre o contrário. Sendo assim, aprenda a ceder algumas vezes e não seja inflexível ao ponto de dizer "Só faço as coisas do meu jeito e ponto final".

Dialogar sobre decisões deve ser um hábito desde o início de qualquer relacionamento. Esse treino comportamental evita que se crie um padrão não muito positivo na relação. Uma relação saudável é aquela em que pessoas evoluem, crescem e se transformam. Isso também é sinônimo de amor.

11 de setembro

254. AFASTE-SE DE PESSOAS TÓXICAS

Todo mundo já conviveu com uma pessoa tóxica, aquela que o coloca sempre para baixo, não fica feliz com as suas conquistas, enfim, a famosa "pessoa vampira" de energia. Infelizmente, elas estão por toda parte: no trabalho, entre os amigos e até na família. E a melhor forma de se blindar dessas pessoas que fazem mal é se distanciando delas.

As pessoas tóxicas fazem tão mal para a nossa vida que podem trazer problemas de saúde. Estudos comprovam que os sistemas endócrino e nervoso influenciam as defesas do nosso corpo pela liberação de hormônios, que estão diretamente ligados às nossas emoções. Se não estamos nos sentindo bem, nosso corpo automaticamente responderá.

O bom é que identificar uma pessoa tóxica não é difícil, pois elas geralmente são muito críticas, pessimistas, amargas e difíceis de lidar. Existem pessoas tóxicas de vários tipos, como as controladoras, invejosas, fofoqueiras, mentirosas, vitimistas etc.

Ao qualquer sinal de relacionamento tóxico, a dica é se afastar e, se não for possível, mantenha um relacionamento o mais superficial e distante. É possível tratar com educação e respeito, porém não abra muito de sua vida para essa pessoa. Deixe toda a sua boa energia para os amigos que realmente torcem por você e querem ver a sua evolução.

12 de setembro

255. EXERCITE O PODER DA RECIPROCIDADE NAS SUAS RELAÇÕES

Psicólogos afirmam que a reciprocidade é um item essencial para relacionamentos humanos. Sabe aquela máxima "Você recebe aquilo que você dá"? Ela diz muito sobre a reciprocidade.

A palavra reciprocidade vem do Latim, da palavra *reciprocus*, que pode ser traduzida como "movendo-se de um lado para o outro". E a reciprocidade realmente tem a ver com isso, porque ela é a prática de realizar trocas com as pessoas em prol de um benefício mútuo.

Assim como qualquer outra habilidade, a reciprocidade pode ser trabalhada e desenvolvida. Algumas dicas podem ajudá-lo no dia a dia:

• Tenha empatia: colocar-se no lugar do outro é essencial para ter relacionamentos saudáveis.

• Seja grato: quando alguém faz algo bom, mesmo que não esteja esperando retorno, queremos retribuir como forma de gratidão, isso é um ótimo exercício de reciprocidade.

• Mantenha sempre diálogo e respeito pelas pessoas: lembre-se de que somos todos diferentes e isso é maravilhoso!

• E a dica final e mais importante é: pratique a reciprocidade diariamente. Tenha em mente que ninguém faz nada sozinho, portanto, valorize o outro, seja grato e crie relações saudáveis e duradouras.

13 de setembro

256. DEIXE AS PESSOAS QUE AMA LIVRES!

Se você fizer a linha "Eu amo, você é meu", tenha em mente que amar não tem relação com prisão. Amor é liberdade! Se a pessoa faz você feliz e você só quer o bem dela, qual é o sentido de aprisioná-la?

As pessoas que se amam ficam juntas por escolha, não por obrigação ou pertencimento. Todo ser humano é livre para fazer as suas escolhas, e tem coisa mais bonita do que uma pessoa escolher viver ao lado de outra apenas pelo fato de amá-la?

O ser humano, muitas vezes, é egoísta, mas é preciso aprender a deixar ir. Há momentos em que as pessoas que você ama vão precisar ir embora e você precisa deixá-las ir. Quando deixamos ir, estamos respeitando a sua liberdade e essa é a maior prova de amor que se pode dar a alguém. Portanto, cultive o hábito da liberdade em seu dia a dia. Respeitar as escolhas do outro também é sinônimo de amor.

14 de setembro

257. NÃO ACEITE MIGALHAS EMOCIONAIS

Uma autoestima elevada é muito importante para o ser humano, pois, além de melhorar sua performance em várias áreas da vida, fará com que jamais aceite migalhas de amor.

Quem tem autoestima baixa e não consegue acreditar em seu potencial acaba aceitando essas migalhas para ter alguém por perto. Entre as causas disso estão o medo de ficar sozinho, a falta de autoconhecimento, a desconfiança, entre outras. E essas migalhas só causam frustração e sofrimento.

Quando você enxerga que é um ser único e que merece alguém à altura, muda totalmente o seu padrão de relacionamentos: para de procurar migalhas e começa a buscar banquetes!

15 de setembro

258. TENHA EM SEU PARCEIRO UM GRANDE ALIADO

Um relacionamento de sucesso não é aquele em que os dois possuem signos compatíveis ou uma bela história, mas sim aquele no qual um enxerga o outro como aliado. Quando um casal é parceiro, consegue dividir a vida, e nela estão os momentos bons e ruins.

Há casais que acabam criando grandes disputas e esquecem que eles são aliados, e não inimigos. Alguns sinais demonstram que vocês estão no caminho certo, como vocês comemorarem as conquistas um do outro sem criar competições sobre quem ganha mais ou quem é mais sucedido. Ficar feliz pelas pequenas conquistas do outro também é uma prova de amor.

Outro sinal de parceria é vocês se comunicarem bem, pois o diálogo sempre elimina dúvidas e ajuda a melhorar pontos de atenção. O interesse que um tem na vida do outro também é importante, afinal, quem ama cuida, se preocupa e fica atento aos sonhos e vontades do outro.

Lembre-se de que relacionamentos são parcerias e não combinam com competição.

16 de setembro

259. AME SEM ESPERAR NADA EM TROCA

Acredite, o amor é simples, nós acabamos complicando na maioria das vezes. Quantas vezes você já se frustrou por amar alguém e ficar esperando algo em troca? E amor não é isso! Nós devemos distribuir nosso amor sem moderação e sem esperar algo de volta para evitar frustrações. Lembre-se de que só podemos controlar aquilo que nós sentimos, não o que o outro sente.

No relacionamento a dois, dando certo ou não, vive melhor esse romance quem amou mais o outro, pois este viveu mais intensamente uma das emoções mais sublimes que o homem pode viver.

A dica para seguir isso é sempre fazer o que está em seu coração. Você já viu alguém se arrepender de ter feito o seu melhor? A maneira de retribuir ou compartilhar um sentimento é através da gratidão e da propagação de boas energias. Quando você compartilha coisas boas, o mundo agradece.

17 de setembro

260. RESPEITE SEMPRE

Você já ouviu uma frase que diz "Respeite até mesmo as pessoas que não merecem. Não como reflexo do caráter delas, mas como reflexo do seu"? É que respeito é bom e todo mundo gosta, até quem não merece. Cada um oferece aquilo que tem. Se a pessoa que não merece oferece coisas ruins, isso diz sobre ela, e não sobre você. Um comportamento ruim do outro não deve interferir na sua atitude. É claro que não falamos sobre aceitar tudo, mas fazer o bem respeitando seu espaço e limite. Afinal, não adianta nada respeitar os outros sem se respeitar. Sempre dê o seu melhor e lembre-se de que ninguém dá o que não tem ou nunca teve. Dessa forma, vai ser um pouco mais fácil entender algumas atitudes. Quando fazemos a nossa parte, a vida fica mais leve, pode acreditar!

18 de setembro

261. CURE SEUS TRAUMAS AMOROSOS E PERMITA-SE SER FELIZ!

O amor é um direito de todos e, acredite, não é porque alguém já o feriu que todos farão isso. Dê uma chance para você e para o amor. É comum já ter tido experiências amorosas malsucedidas que possam ser traumáticas a ponto de a pessoa se fechar para o amor, mas é preciso curá-las para que a pessoa consiga se abrir novamente para a vida. Que graça a vida tem sem amor? O primeiro passo é encarar que tem um trauma amoroso e aceitar que o que passou, passou, não é possível mudar, mas que dá para escrever uma nova história.

19 de setembro

262. BUSQUE SEMPRE A SUA MELHOR VERSÃO

Nós mudamos o tempo todo, a pessoa que você era há uma semana já é diferente hoje. Então, por que não aproveitar as mudanças para buscar sempre a nossa melhor versão? A graça da vida é essa, buscarmos sempre ser melhor que ontem, não melhor que os outros.

Há momentos da vida que são difíceis, mas por que não tirar um aprendizado deles para ser melhor? Busque o autoconhecimento em toda oportunidade que tiver, pois, quando nos conhecemos, conseguimos avaliar os nossos defeitos, qualidades e o que pode ser aprimorado.

Mesmo em meio a momentos difíceis, não deixe que o mau humor o domine, tente ser leve, viver uma vida tranquila e dar o seu melhor para as pessoas. Reclame menos, faça mais e seja grato. São pequenas atitudes que podem ser colocadas em prática no dia a dia, que o ajudarão a encontrar a sua melhor versão e melhorar o seu relacionamento com o mundo.

20 de setembro

263. DÊ FLORES

Há quanto tempo você não dá flores? Acredite, não precisa ser aqueles ramalhetes caros ou sofisticados. Pode ser, inclusive, pequenas flores colhidas em um jardim. Ter o hábito de dar flores para as pessoas que mais amamos é uma demonstração de "Eu me importo com você, quero vê-lo feliz!".

Experimente também espalhar algumas flores dentro da sua casa. Escolha as mais coloridas e perceba como a vibração do ambiente ficará muito melhor!

21 de setembro

264. CULTIVE PEQUENAS FELICIDADES

Acostumamos a acreditar que felicidade são grandes conquistas ou, até mesmo, um destino final. A compra da casa própria, a promoção naquele emprego dos sonhos ou, então, aquela viagem internacional! Claro que esses podem ser momentos memoráveis, mas, quando nomeamos a felicidade como algo exclusivo e grandioso, limitamos os nossos dias felizes ao longo da nossa vida.

As conquistas grandes são importantes, porém, aprender a valorizar a simplicidade é colecionar pequenos bálsamos de alegria tão igualmente importantes. Chupar picolé contemplando uma paisagem e sentir a textura da grama nos pés durante uma caminhada sem "pensar em nada" são ações que podem fazer o nosso coração explodir de amor.

Cultive esses pequenos hábitos felizes e verá que, quando somamos, pode virar até um livro *best-seller*!

22 de setembro

265. ESCREVA UMA CARTA DE AMOR PARA SI MESMO

Ao término de cada ano – ou de cada ciclo –, tenha o hábito de escrever uma carta para si mesmo. Celebre suas vitórias, mesmo que pequenas! Perdoe as suas falhas e incentive-o sempre a fazer melhor.

Exponha os seus sentimentos mais profundos. Diga a si mesmo o que não conseguiria falar facilmente para alguém. Será uma viagem de autoconhecimento, sem julgamentos, sem medos... Apenas você consigo mesmo!

23 de setembro

266. NÃO SOFRA PARA TER!
NO AMOR, TUDO FLUI NATURALMENTE

Nascemos para amar. Então, por que sofremos por amor? Para amar outra pessoa é preciso, em primeiro lugar, amar-se. Ser feliz com a pessoa que se é gostar da sua própria companhia para, então, ser capaz de compartilhar esse amor com outra pessoa.

Portanto, cultive o hábito de valorizar as suas qualidades, elevar a sua autoestima, estar feliz com as suas escolhas... E, quando o momento de abrir seu coração e compartilhar o seu amor com outro alguém chegar, você precisa entender que não é necessário renunciar a nada pela outra pessoa.

Jamais fique sem reservas de amor-próprio!

24 de setembro

267. FAÇA O BEM, GERE VALOR

"Um homem correto faz uma boa ação sem que aquele privilegiado por ela saiba. Ele faz a coisa certa por livre vontade e sem esperar reconhecimento", destacou o filósofo japonês Eihei Dogen. Na cultura do samurai, o homem deve usar suas habilidades para o bem do próximo, sem a necessidade de provar a sua superioridade.

Além disso, a benfeitoria não pode gerar uma cobrança ou necessidade de reconhecimento. Jamais faça algo esperando outra coisa em troca. Não é porque você teve uma ação benéfica com uma pessoa que ela tem a obrigatoriedade de fazer o mesmo por você. Caso necessite desse retorno, poderá viver a chamada frustração.

Construa o hábito de fazer o bem em sua rotina sem pensar na reciprocidade.

25 de setembro
268. DEIXE IR

Segurar o que lhe faz mal dói muito mais do que deixar ir... Viver um relacionamento tóxico, ter um trabalho que o faz infeliz ou até amizades que o coloquem para baixo são situações para repensar se vale a pena continuar vivendo...

Muitas vezes por insegurança – medo de ficarmos sozinhos, de não arrumarmos outras fontes de renda, de responsabilidade e até de não ter com quem sair... Ufa! São tantos medos! – acabamos nos permitindo viver situações que nos fazem mal.

Pare, reflita e, sem tomar ações precipitadas, planeje atitudes e, caso seja necessário, deixe ir! Deixar ir o que não lhe faz bem também é um hábito para cultivar o amor-próprio.

Agora é a sua vez de colocar seus conhecimentos em prática!
Marque os hábitos que já conquistou e os que almeja alcançar.
Se preferir, trace um plano para conquistar suas próximas metas.

_____
_____
_____
_____
_____
_____

AMIZADE

26 de setembro
269. SEJA UM BOM OUVINTE

É claro que ter um bom amigo para, muitas vezes, desabafar as angústias e compartilhar os medos é essencial. No entanto, na amizade verdadeira, ouvir é uma atitude mais que necessária.

Assim como acontece com você, o outro também deseja ser ouvido. Nada pior do que um amigo começar a contar um problema e alguém falar: "Se você está assim, não sabe o que passei...". E então não escuta, apenas relata que seu caso é muito pior. Não faça isso! Adote o hábito de ouvir!

E lembre-se: você também não deve derramar todas as emoções negativas sobre um amigo, só porque ele sabe ouvir. Compartilhe também as coisas positivas para que seu amigo fique feliz por você.

27 de setembro
270. INVISTA EM BOAS AMIZADES

Sim, invista em carinho, atenção e tempo em suas boas amizades. Se este vínculo de amizade é precioso, ele necessita de sua atenção.

É muito comum algumas pessoas imaginarem que, só por se considerar amigo, já é o bastante. Contudo, saiba que amizades profundas e duradouras são aquelas em que existe memória afetiva e, para isso acontecer, as pessoas precisam valorizar e cultivar este relacionamento.

Construa boas histórias com seus amigos sempre.

28 de setembro
271. NÃO SE COMPARE COM SEUS AMIGOS

Todos nós temos pontos fortes e fracos. Comparar suas fraquezas com os pontos fortes dos amigos não lhe fará bem. Cultive o hábito de se inspirar no exemplo dos amigos e aprender com eles.

Um bom amigo não faz comparação; torce pelo outro e vibra a cada conquista. Acredite, se deseja analisar o quanto uma pessoa é a sua amiga, conte um fato muito feliz que aconteceu em sua vida e veja a reação. Se o brilho estiver nos olhos, é amizade verdadeira!

29 de setembro

272. PERGUNTE AO AMIGO

Quando você souber que um amigo está chateado com algum fato, pergunte se ele deseja falar sobre o que aconteceu ou se prefere se distrair. Às vezes, é mais útil esquecer as preocupações por um tempo, garantindo um alívio para a alma, do que ficar "remoendo" mais e mais as angústias...

Um bom amigo sempre questiona e faz o necessário (dentro das suas limitações, é claro) para o outro ficar bem.

30 de setembro

273. DIFERENCIE A SINCERIDADE DO SINCERICÍDIO

Pessoas verdadeiras buscam trazer a verdade no sentido de conscientizar, desenvolver melhorias e promover o aprendizado. Assim, quando um amigo é sincero, ele reflete sobre a influência de sua fala e transmite o que é realmente necessário ser dito ao outro.

Já no sincericídio, acaba acontecendo o oposto. A pessoa faz seu comentário sem pensar nas consequências que pode acarretar ao outro. Ou seja, o sincericídio não está ligado em ser verdadeiro, mas sim em trazer e transmitir fatos ou ações que não promovem nenhuma evolução.

Em uma amizade, cultive o hábito da sinceridade, pensando sempre no melhor para o outro e para a relação de ambos.

1º de outubro

274. RESPEITE SEU AMIGO QUANDO ELE MUDAR DE OPINIÃO

Na vida, todos nós crescemos e mudamos. Seria estranho não discordar de nossos amigos em algum momento. Contudo, é importante respeitar a mudança de opinião do outro, tentando entender os princípios que o levaram até essa nova atitude.

Muitas vezes, podemos não concordar 100% com a mudança de opinião, porém precisamos respeitar o que cada um julga ser melhor. Afinal, cada ser humano é protagonista de sua própria história.

2 de outubro

275. AMIGOS FORTES TAMBÉM MERECEM ATENÇÃO

Não pense que um amigo que sempre tem tudo sob controle não precisa de ajuda. Algumas pessoas simplesmente não são boas em pedir ajuda quando precisam. Portanto, estenda a mão e ofereça ajuda. Tenha a percepção de identificar quando algo não vai bem.

Todos nós – até os mais fortes – possuímos problemas e desafios diários. O que nos difere é a forma como encaramos o que vem pela frente. E por mais fortes que queiramos ser, nem todos os dias é possível estar 100%. Cultive o hábito de se atentar sempre ao outro.

3 de outubro

276. A AMIZADE PRECISA SER LEVE

Você pode querer explicar seu posicionamento ou justificar o seu comportamento, mas não se trata apenas de você em um elo de amizade.

Mesmo que tenha sido um equívoco ou que fez determinada atitude com a melhor das intenções, cultive o hábito de reconhecer um erro que pode ter cometido com um amigo, peça desculpas e siga em frente.

E lembre-se: jamais perca tempo tentando provar que seu amigo está errado ou que você foi uma grande vítima. Em qualquer conflito, não é você contra o amigo, mas sim você e o amigo contra um problema. Juntos, encontrem a melhor solução.

4 de outubro

277. ESQUEÇA A RESPOSTA "TANTO FAZ"

Parece um ato tolo, mas adote o hábito de não responder mais "tanto faz", quando um amigo pedir para você escolher ou sugerir alguma coisa. Essa atitude revela desinteresse, que pouco importa o que de fato irão fazer.

Pesquise, sugira, mostre interesse! Apenas assim uma amizade pulsa de verdade! E caso queira que o amigo decida, responda: "Estaremos juntos e isso é importante! O que você sugere hoje? Pode escolher!".

5 de outubro
278. ATENTE-SE AOS DETALHES

Pequenos posicionamentos fazem toda a diferença em uma amizade verdadeira. Por exemplo, ao convidar um amigo para algum lugar, tenha o hábito de dizer: "Ficarei feliz se você vier" em vez de "Venha se quiser". A diferença parece sutil, mas a primeira frase faz seu amigo sentir que você o valoriza.

Outro detalhe: quando um amigo lhe mostrar alguma coisa, seja específico e aponte algo que você gostou naquilo. Ouvir isso é muito mais valioso do que uma resposta genérica, tais como "Legal!" ou "Joia".

6 de outubro
279. A DISTÂNCIA NÃO PODE AFETAR A AMIZADE

Mesmo que o amigo faça planos para mudar de vida, ainda que seja para ir morar muito longe, a amizade não pode ser abalada pela falta de contato ou de encontros presenciais.

Quando uma pessoa é importante, sempre sobrará tempo para mantê-la a par das novidades de sua vida e, também, para você perguntar o que está acontecendo no dia a dia dela.

7 de outubro
280. ACONTECIMENTOS PEQUENOS DEVEM SER SEMPRE LEMBRADOS

Amigos de vida costumam estar presentes em todos os principais momentos e, por isso, acabam sabendo as datas dos acontecimentos mais importantes. E quando se fala em mais importantes, não quer dizer que sejam grandes, e sim marcantes.

O nascimento de um filho, a entrada em uma faculdade ou aquela promoção no emprego que tanto sonhava são acontecimentos para serem comemorados com amigos verdadeiros.

Um bom amigo sempre terá o hábito de estar presente nessas datas.

8 de outubro
281. FALEM SOBRE TUDO, SEM MEDOS!

Amigos verdadeiros confiam uns nos outros. São aquelas pessoas com quem você fala sobre tudo, sem medo de ser magoado, sem precisar esconder informações para não ser prejudicado ou julgado.

Vocês já se conhecem o suficiente para entender as qualidades e os defeitos um do outro. Aceitar e compreender as diferenças, sem julgamentos ou cobranças, é algo muito raro na vida. Por isso, o hábito de falar sem medos é tão precioso. É um alívio quando se encontram para desabafar sobre as coisas que não se deve falar para qualquer pessoa.

Exatamente por isso a lealdade na amizade é tão importante. Não leve adiante assuntos que não cabem a terceiros.

Por conhecerem muito bem um ao outro, os amigos sabem que podem tocar em assuntos mais delicados, tendo diálogos francos e maduros, para ajudar nos problemas ou para ajudar a não se meter em problemas. Querer bem é um hábito recíproco que faz a amizade ficar cada vez mais forte.

9 de outubro
282. FUJA DE AMIZADES TÓXICAS

Amizades ou relacionamentos amorosos tóxicos são aqueles nos quais uma das pessoas apresenta comportamentos inadequados e que levam o outro a uma situação de vulnerabilidade e desgaste.

A parte mais importante para evitar relacionamentos tóxicos é saber identificar um. Por isso, crie o hábito de ser crítico na hora de selecionar as pessoas que caminharão ao seu lado.

Pessoas tóxicas desmerecem suas conquistas, minimizam seus problemas, sempre querem ser o centro das atenções, o culpam sobre tudo o que está errado etc.

Parece irreal alguém se submeter a isso, mas é mais comum do que se imagina. Geralmente, a pessoa que se dispõe a tolerar essas atitudes pode estar com problemas de autoestima, dependência, traumas, medos, insegurança, entre outros.

Lembre-se dos ensinamentos da natureza; nela águia voa com águia, hiena com hiena e assim por diante, e caminhe com pessoas com os mesmos valores que você.

10 de outubro
283. COBRANÇAS NÃO COMBINAM COM AMIZADE

Você já ouviu dizer que a amizade verdadeira não sufoca, ela abraça? A cobrança não é agradável em nenhum tipo de relacionamento; para a amizade, então, é pior ainda.

A amizade é o relacionamento entre pessoas no qual vocês podem confiar um no outro acima de qualquer coisa, zelando um pelo outro. Quando somos amigos de alguém, escolhemos estar próximos de uma pessoa, não somos obrigados a isso.

Ser amigo não é estar sempre junto, mas se fazer presente de alguma forma. Cada pessoa tem diferentes tipos de amigos: aquele que liga sempre, aquele que desaparece e depois de um tempão volta como se nada tivesse acontecido, entre outros.

O segredo para viver a vida leve é entender os diferentes tipos de amigos e aceitar que eles podem não estar sempre com você, mas estarão para você.

11 de outubro
284. CRIE NOVAS E BOAS CONEXÕES

Você sabe o que é *networking*? É a sua rede de contatos. E, sim, ela é uma rede que pode ajudá-lo a ter sucesso profissional, mas começa com boas e novas amizades. São relações de troca, nas quais você está disposto a acrescentar na vida da outra pessoa. Um dia você ajuda, no outro, pode ser ajudado.

Existe uma teoria chamada de psicologia de 1967, chamada *The Small World Problem* (traduzido como *O Problema do Mundo Pequeno*), que mostra que são necessários seis laços de amizade ou conexão para que duas pessoas quaisquer do mundo estejam ligadas. Ou seja, se você tiver boas conexões, poderá chegar em qualquer pessoa.

E quando falamos em conexões, falamos em amizades e relações bem nutridas. Para isso, tenha o hábito de estar sempre aberto a conhecer pessoas novas, se interesse pelo que elas fazem e fale sobre quem você é e o que faz. Quando há essa troca, a relação começa bem e tem tudo para se desenvolver.

12 de outubro
285. AJUDE SEM SE VANGLORIAR

Um fato é que, em algum momento, nós ajudaremos alguém e também seremos ajudados. Mas tem coisa mais chata do que receber uma ajuda que não é genuína? Sabe aquela pessoa que, no final de tudo, diz: "Se não fosse eu, hein..."? Jamais seja ela!

Quando for ajudar, ajude de coração, se esforce e se alegre com a conquista da outra pessoa. Lembre-se de que, lá na frente, quem pode precisar de ajuda é você e temos a certeza de que você não gostaria que fizessem isso. Coloque-se no lugar do outro, isso ajuda a tomar decisões mais assertivas.

Todos nós podemos somar na vida dos outros e, quando isso acontece, transbordamos. Não nos tornamos melhores, mas, sim, parceiros. E isso faz toda a diferença no cultivo de boas e grandes amizades.

13 de outubro
286. ESTABELEÇA A CONFIANÇA NAS SUAS RELAÇÕES

Relacionamento amoroso, de amizade, familiar... todos eles têm algo em comum: a confiança como base. Nós confiamos o tempo todo, seja nas pessoas próximas ou nos profissionais que buscamos. Por exemplo, quando vamos ao médico, precisamos confiar nele para seguir o tratamento.

Sem confiança, os relacionamentos são prejudicados, afinal, é a confiança que nos permite dar um passo em direção ao outro sem a certeza de que o outro agirá de acordo com o que esperamos ou queremos.

Existe uma frase de Ernest Hemingway que diz: "A melhor maneira de descobrir se você pode confiar em uma pessoa é confiando nela". E em relação à base de confiança, é a melhor e maior tranquilidade que existe. Uma boa dica para criar esse hábito é manter sempre o diálogo aberto, aceitando que todos nós temos pontos a melhorar.

14 de outubro

287. AMIGOS DE INFÂNCIA SÃO UMA PONTE COM O SEU PASSADO!

Os laços que formamos na infância deixam marcas e ótimas memórias. Contudo, por que não resgatar essas amizades na vida adulta? Já parou para pensar que elas são uma ponte para relembrar o seu passado e resgatar a sua essência?

Atualmente, há vários meios de reativar as amizades antigas, basta acionar as redes sociais ou o *Google*. Mande uma mensagem e marque um encontro, você verá como isso lhe fará bem.

Isso porque os amigos da infância podem até mudar com o passar dos anos, mas o temperamento possivelmente ainda será o mesmo. Além disso, eles o conhecem há muito tempo e sabem de suas qualidades e defeitos, ou seja, você não tem nada a esconder e vai sempre se sentir à vontade.

Não há como negar que, além de todos os benefícios apresentados aqui, com os amigos da infância, nós temos uma ligação inexplicável. Esses laços de tantas experiências e histórias compartilhadas fazem com que um tenha empatia pelo outro e que, mesmo distantes, a importância desses amigos não morre.

15 de outubro

288. TENHA MAIS AMIGOS *OFFLINE* DO QUE *ONLINE*

Com o crescimento das redes sociais, é comum que tenhamos amizades virtuais. A Internet é muito prática para ter um primeiro contato e encontrar pessoas com as quais nos conectamos. É possível que essas amizades sejam verdadeiras? Claro que é, mas há alguns ingredientes para uma amizade forte que só o contato presencial pode oferecer.

É fácil notar a dificuldade que as pessoas têm hoje em se relacionarem fisicamente, principalmente os mais jovens. No Japão isto já virou uma questão de saúde pública, pois as pessoas se desacostumaram a se relacionar fisicamente, preferindo o isolamento do contato virtual.

Num momento em que a maioria das relações estão caminhando para o mundo digital, cultivar o hábito de procurar sempre o contato pessoal, certamente, é um grande diferencial.

16 de outubro

289. MANTENHA-SE LONGE DE FOFOCAS!

Este é um hábito horrível, normalmente são pessoas que não resolvem seus problemas e ficam comentando sobre o problema das outras.

É quase uma armadilha, que te desvia do seu foco, toma seu tempo e te torna cúmplice de comentários maldosos e acaba criando um ambiente deteriorado.

Fuja destas situações, fazendo comentários positivos e direcionando a conversa para outros assuntos, deixando claro que esta não é a sua praia.

Cultive o hábito de deixar a fofoca longe de sua vida! Lembre-se de que quem fala dos outros também pode falar de você.

17 de outubro

290. GRANDES AMIZADES SOBREVIVEM A LONGAS DISTÂNCIAS

A amizade verdadeira é aquela que nem a distância física é capaz de destruir. Sabe aquele amigo que você pode ficar meses sem ver, mas que, quando se encontram, é como se nunca tivessem ficado distantes? É disso que estamos falando.

Cultivar uma amizade à distância precisa de alguma dedicação, como uma ligação ou redes sociais, que podem ser usadas para encurtar barreiras físicas. Vale lembrar também que as amizades são formadas por gostos e comportamentos em comum, então é interessante manter hábitos compartilhados com os amigos, mesmo à distância.

Sem contar que esse afastamento físico pode ser uma oportunidade para criar surpresas e, até mesmo, viagens inesquecíveis. Por que não se programar sempre para passar um tempo juntos? Dessa forma, a amizade será duradoura e vocês terão juntos novas e boas histórias para contar.

18 de outubro

291. EM BRIGA DE MARIDO E MULHER, ESCUTE O AMIGO

A questão aqui são conflitos e crises rotineiras, as quais podem acontecer em qualquer relacionamento. Nesses casos, é importante o amigo ser imparcial, afinal, você está fora do relacionamento e não sabe a real dimensão do problema.

É preciso tomar cuidado até mesmo com conselhos. Dê apenas quando eles forem solicitados. A melhor solução é respeitar o momento do casal e evitar uma atitude invasiva. Claro que é possível ajudar, desde que não interfira em algo que é só deles.

O melhor hábito é ser o ombro amigo, escutar e dar conforto, mas não julgue para não tomar atitudes injustas. Lembre-se de que se fosse ao contrário, você não gostaria que fizessem isso com você.

19 de outubro

292. SURPREENDA COM PRESENTES ORIGINAIS

Em tempos de Internet, onde tudo é virtual e até um pouco impessoal, já parou para pensar no quanto criar um presente à mão para os seus amigos pode ser surpreendente?

O valor das coisas está no significado, e não no dinheiro que gastou com aquilo. Escrever um cartão à mão, por exemplo, para alguns pode parecer pouco, mas é algo que os seus amigos guardarão por muito tempo e, lá na frente, quando lerem novamente vão relembrar essa fase da amizade com saudade e carinho. Outra dica é um porta-retratos com uma foto de um momento importante da amizade de vocês, que também será um presente inesquecível.

Não tenha medo de criar presentes originais e cheios de significados. Crie este hábito! Seus amigos guardarão para sempre e terão lembranças incríveis, afinal, a felicidade está na simplicidade da vida.

20 de outubro

293. DEIXE AS DESCULPAS NO PASSADO

Existe uma frase de autor desconhecido que diz: "As desculpas sempre estarão disponíveis o tempo todo para você, as oportunidades não". Precisamos dizer mais alguma coisa?

Quando surgir a oportunidade de viver, jogue-se sem medo! Marcou com um amigo e está com preguiça? Vença essa preguiça. Ao inventar desculpas, você pode estar deixando para trás a oportunidade de viver momentos únicos.

No futuro, quando olhar para trás, você quer ter uma coleção de momentos felizes ou uma coleção de desculpas inventadas? Tome as rédeas de sua vida e viva todos os momentos que forem possíveis com os seus amigos. Acredite, eles passam rápido e não voltam mais. E a vida é tão curta para se apoiar em desculpas!

21 de outubro

294. DÊ FEEDBACK

Ouvir uma palavra de um amigo é algo muito valioso. Seja este *feedback*: algo que reforce ou contradiga, mas sempre com respeito e privacidade.

22 de outubro

295. TODOS AMIGOS, MAS CADA UM NA SUA PRATELEIRA

Assim como as pessoas são diferentes, é natural que as amizades também sejam, e muitas vezes, por questões de afinidade, troca de energia ou outro motivo qualquer, você vai cultivar tipos e níveis de amizades diferentes, algumas mais superficiais e outras mais profundas e duradouras.

É muito importante fazer essa leitura das suas amizades, pois isso te trará sabedoria para desfrutar o que há de melhor em cada uma delas.

23 de outubro

296. FAÇAM ATIVIDADES DE LAZER JUNTOS

Bill Gates, fundador da *Microsoft*, e Warren Buffett, CEO da *Berkshire Hathaway*, cultivam uma amizade bilionária há mais de 30 anos. Amigos na vida, nos negócios e na filantropia, Gates e Buffett inicialmente nem queriam se conhecer. "Hoje eu me sinto como uma criança em uma loja de doces!", afirma Bill Gates ao encontrar o amigo.

Quando Warren Buffett completou 92 anos (no ano de 2022), por exemplo, Bill Gates marcou a ocasião compartilhando, em sua rede social, uma série de fotos dos dois juntos. "A vida é mais divertida quando você tem um amigo como Warren", tuitou Gates.

Ambos atribuem o sucesso da amizade às atividades que fazem juntos também. Gates escreveu que aprendeu com Buffet como administrar seu tempo priorizando certas pessoas e tarefas.

Agora é a sua vez de colocar seus conhecimentos em prática!
Marque os hábitos que já conquistou e os que almeja alcançar.
Se preferir, trace um plano para conquistar suas próximas metas.

SAÚDE

24 de outubro

297. ACORDE CEDO E VIRE O JOGO!

"Quem acorda cedo bebe água fresca e limpa." Tirando algumas exceções, esse é definitivamente um hábito dos vencedores. Pela manhã tudo é mais calmo, o mundo ainda está em ritmo mais lento e a maioria das pessoas ainda está dormindo. É neste momento que você sai na frente, já começa a resolver suas pendências e colocar os seus interesses na pauta das pessoas. Você vai ditar o seu ritmo e sua agenda e, acredite, vai fazer toda a diferença, a sua produtividade ou seu lazer vai ser dobrado.

Um estudo da Universidade de Educação de Heidelberg, na Alemanha, publicado no *Journal of Applied Social Psychology*, demonstrou que pessoas matutinas são mais proativas do que as noturnas. No estudo, a proatividade é vista como a habilidade de assumir o controle de situações que precisam de um direcionamento e a facilidade de resolver problemas. Esse seria também um dos motivos que pode tornar esse grupo de pessoas mais bem-sucedido no campo profissional. Outro fator destacado no estudo é de que essa característica pode levar a um aumento da produtividade, uma vez que pessoas com esse perfil conseguem antecipar necessidades, tomando mais a frente no dia a dia com confiança.

Melhore a concentração e o foco

Nas primeiras horas do dia, você recebe menos mensagens no celular e e-mails. Além disso, há menos distrações na sua própria casa, visto que provavelmente as pessoas ainda estejam dormindo.

Vale lembrar que a maior parte da vida profissional acontece durante o dia. Acordar cedo ajuda a tirar o maior proveito disso, pois auxilia a programar melhor o dia e aproveitá-lo de um modo mais assertivo.

O segredo para acordar mais cedo é ter motivos claros para o que você vai direcionar seu tempo. Quando você tem um propósito forte, você não aperta o botão da soneca quando o despertador tocar! Portanto, desperte o quanto antes para cultivar esse hábito em sua vida!

25 de outubro

298. DURMA BEM

Inúmeros benefícios são conhecidos e percebidos quando conseguimos ter uma boa noite de sono. Isso porque, quando dormimos, nosso organismo ainda trabalha e aciona diversos sistemas no cérebro, refazendo conexões, ativando a memória, produzindo novas proteínas que ajudam no sistema imune e regulando a produção hormonal, entre outras funções. Todos esses fatores são essenciais para a saúde geral do nosso organismo.

O sono é uma necessidade fisiológica humana, e não uma escolha. É nesse momento que o cérebro libera vários hormônios, limpa resíduos celulares e repara células cerebrais danificadas.

Benefícios de uma boa noite de sono:
- Mantém o peso saudável;
- Diminui o risco de desenvolver doenças, como diabetes e problemas cardiovasculares;
- Tem possibilidade de adoecer menos;
- Reduz o estresse;
- Melhora o humor e a sociabilidade;
- Aumenta a concentração;
- Evita acidentes causados pelo cansaço.

Por isso, crie os hábitos abaixo para dormir bem:
- Crie um ambiente propício ao sono. Mantenha o quarto mais escuro e silencioso;
- Encerre o expediente do trabalho e procure relaxar durante 2 a 3 horas antes de se deitar;
- Evite televisão, telefone, computador e aparelhos eletrônicos pelo menos meia hora antes de se deitar;
- Tome um banho morno 2 a 3 horas antes de se deitar;
- Não fique na cama se não estiver sonolento. Saia do quarto e encontre um lugar silencioso para relaxar e só retorne ao quarto quando estiver com sono;

• Leia um bom livro;

• Não faça exercícios físicos muito próximo ao horário de se deitar;

• Escute uma música calma, faça uma oração ou outra prática que se sinta relaxado;

• Não faça refeições pesadas na hora do jantar. Opte por alimentos mais leves;

• Evite ingerir alimentos ou bebidas que contenham cafeínas ou estimulantes, como o café, a canela e o excesso de açúcar.

26 de outubro
299. TOME BANHO FRIO

Apesar de poder ser desconfortável para muitas pessoas, tomar banho gelado logo após acordar ajuda a combater o cansaço e nos deixa mais dispostos para realizar as atividades do dia a dia. Além de aumentar a disposição e promover a sensação de bem-estar, o banho gelado também pode ajudar a aliviar dores e a tratar a depressão, por exemplo.

Para conseguir tomar banho gelado, é recomendado começar com pequenas partes do corpo para que aconteça a adaptação à temperatura da água, podendo começar pelo tornozelo e mãos, por exemplo. Outra estratégia é iniciar o banho com uma água morna e depois esfriar aos poucos.

• **Benefícios de tomar um banho frio:**

> **Aumenta a disposição:** o banho gelado aumenta a disposição e a sensação de bem-estar porque melhora a circulação sanguínea, melhorando a demanda de oxigênio do corpo, o que acaba por diminuir o cansaço.

> **Previne doenças cardiovasculares:** ao tomar banho gelado, são gerados vários impulsos elétricos para o cérebro, estimulando a produção, dentre outras substâncias, de noradrenalina, que é capaz de regular a pressão arterial.

> **Melhora dores musculares:** o banho gelado promove a contração dos vasos sanguíneos, diminuindo as dores musculares e ajudando na recuperação do músculo após atividade física intensa.

> **Melhora pele e cabelo:** a água gelada pode ajudar a melhorar a pele e o cabelo, impedindo que eles percam a hidratação natural. Tomar

banho frio ainda faz com que o cabelo fique mais brilhante, forte e saudável. Além disso, a água gelada aumenta a aderência dos fios no couro cabeludo.

> **Melhora a imunidade:** o choque de água gelada na nossa corrente sanguínea estimula a produção de leucócitos, células de defesa do organismo. Isso quer dizer que nosso corpo fica mais apto a combater doenças como viroses e resfriados. Um estudo na Holanda mostrou até que quem tomava banhos frios faltava menos ao trabalho por ficar menos doente. Os banhos frios também nos tornam mais resistentes ao estresse, que gera radicais livres, grandes causadores de doenças. Ou seja, nosso corpo fica mais forte como um todo para enfrentar enfermidades.

27 de outubro
300. CAMINHE

A caminhada é uma alternativa simples e de baixo custo, já que pode ser praticada a qualquer hora e lugar, sozinho ou em grupo. No final das contas, você contribuirá para manter o seu peso adequado e melhorar o seu estado de saúde (físico e mental).

Dicas para colocar a caminhada em prática com mais facilidade

• Sabe aquele parente que mora perto? Que tal ir até a casa dele caminhando em vez de pegar o carro? Existem, ainda, outras possibilidades: passear com o cachorro, ir andando até a escola do seu filho para buscá-lo, ir ao supermercado a pé ou qualquer outro trajeto curto que dispense o carro.

• Outra tática para deixar sua atividade mais empolgante é ouvir música. Você pode até estabelecer uma quantidade específica de faixas na playlist para delimitar quando começa e termina sua caminhada.

• Estabeleça metas diárias, semanais ou mensais e marque os dias de caminhada no calendário. Inicialmente, a proposta pode ser de se movimentar apenas 20 minutos por dia e depois ir aumentando. Com o tempo, o seu corpo se acostuma com aquela atividade e ela passa a ser um hábito.

Caminhada rápida

Caminhar é o modo mais eficiente de acabar com a gordura em excesso. Foi o que concluiu uma pesquisa realizada em 2016 pela instituição *London School of Economics*, no Reino Unido. Segundo o estudo, aquelas pessoas que têm os passos mais rápidos e caminham por 30 minutos possuem um IMC (Índice de Massa Corporal) mais baixo – e uma cintura menor – do que aqueles que praticam outros exercícios. Para Graça Lordan, médica que liderou a pesquisa, a caminhada traz ótimos benefícios para o corpo e para a saúde da mente. Além disso, a atividade é uma opção barata e fácil de fazer.

28 de outubro
301. TOME SOL

Sol é vida, fonte de energia e sinônimo de saúde e bem-estar. Todos precisam tomar sol pelo menos 15 a 20 minutos todos os dias – crianças, jovens e idosos. O que se sabe em termos científicos é que a vitamina D tem maior estabilidade e meia-vida (tempo no organismo) mais longa quando é produzida pela exposição ao sol. A exposição ao sol ainda é a melhor saída (mais sensata e barata, inclusive) para proporcionar a Vitamina D necessária ao organismo.

A luz solar ajuda na produção da vitamina D, sendo esta hoje considerada o principal estimulador do sistema imunológico, podendo prevenir várias doenças e fortalecer o organismo.

Benefícios:

• Aumenta os níveis de cálcio no organismo, o que é importante para o fortalecimento de ossos e articulações;

• Melhora o humor: quando o corpo recebe a luz solar que chega ao cérebro por meio do nervo óptico, os níveis de serotonina aumentam regulando o humor e gerando a sensação de bem-estar.

• Regula o sono: a melatonina, hormônio que regula os ciclos do sono, é ativada pela luz solar, produzindo um efeito sedativo e sensação de calma e tranquilidade.

• Auxilia nas funções cognitivas (como percepção, atenção e memória): há receptores de vitamina D espalhados por todo o sistema nervoso central e hipocampo. Sabe-se que a luz solar afeta o fluxo sanguíneo no cérebro e este, por sua vez, interfere nas funções cognitivas.

Dicas para tomar sol no dia a dia:

• Com 15 a 20 minutos de exposição ao sol, já é possível estimular a produção de, em média, 10.000 ui de Vitamina D.

• Atenção, pessoas com histórico de câncer de pele ou com casos na família: apenas siga as orientações dadas pelo seu médico.

• Não se deve tomar sol exageradamente, pois, em excesso, o sol pode trazer consequências prejudiciais para a saúde, como insolação, desidratação ou câncer de pele. Além disso, para diminuir os riscos da exposição aos raios UV do sol, é recomendado o uso de protetor solar, no mínimo FPS 15, cerca de 15 a 30 minutos antes, com nova aplicação a cada 2 horas.

29 de outubro

302. ESTABELEÇA HORÁRIOS

Como é a sua rotina de atividades ao longo dos dias? Você tem o hábito de estabelecer horários? Caso ainda não, saiba que a definição de horas fixas para todas as suas ações e compromissos é importantíssima para que seu corpo crie um ritmo que prepare você para a produtividade máxima! É o que a psicologia chama de **condicionamento**. Isso mesmo! Fazer as coisas sempre da mesma forma reduz os erros que podemos cometer durante o desenvolvimento das tarefas, além de nos garantir mais energia.

Muitos podem falar que ter horários fixos para tudo pode traduzir uma rotina chata e monótona! Contudo, a repetição diária de comportamentos faz com que o nosso organismo funcione adequadamente, evitando estresse e ansiedade e nos tornando pessoas mais seguras.

Uma boa dica para criar este hábito é usar a estratégia chamada de "gatilho" ou "deixa", ou seja, além de marcar o horário das atividades, realize-as sempre após uma tarefa rotineira. Por exemplo, comece a trabalhar logo após tomar banho ou, então, faça uma caminhada após concluir o expediente do trabalho. Quando você encadeia uma ação na outra, fica mais fácil de se lembrar de tudo o que precisa fazer.

Outra dica fundamental para criar esse hábito é ter uma agenda para anotar todos as tarefas. Afinal, é impossível guardar todos os compromissos na nossa cabeça. Acredite, nossa mente pode falhar! Ao tentar guardar tudo na cabeça, além de correr o risco de esquecimento, existirá uma sensação contínua de que você está esquecendo algo (e isso é angustiante!). Anotar as atividades com todos os horários definidos contribui para melhorar o gerenciamento do tempo e priorizar os compromissos mais importantes.

30 de outubro
303. FAÇA PAUSAS REGULARES E PROGRAMADAS DURANTE O DIA

Por quantas vezes não ficamos ansiosos para tirar de vez aquele projeto do papel ou então alcançar aquela meta tão desejada? Queremos ir a fundo em nossa produtividade e, para tanto, corremos contra o relógio. Se isso estiver acontecendo, cuidado! Lembre-se de que você não é uma máquina e não pode programar o seu cérebro para manter o foco e a concentração de forma ininterrupta. O corpo precisa de pausa, e a mente também. Respeitar os seus limites é fundamental para a sua saúde. Portanto, cultive o hábito de fazer pausas regulares e programadas durante o dia.

Pensando na produtividade e na importância de fazer pausas, uma das técnicas mais conhecidas mundialmente é a **Pomodoro**, desenvolvida em 1988 pelo italiano Francisco Cirillo. Pomodoro em italiano significa tomate. A fruta faz referência ao tempo durante o qual você pode desenvolver cada atividade. Sendo assim, cada pomodoro é dividido em quatro partes equivalentes a 30 minutos, chegando ao total de duas horas de ações.

Primeiramente, você realiza uma atividade por 25 minutos. Quando acabar esse tempo, descansa 5 minutos. E assim sucessivamente até completar duas horas. Com essa técnica, você estimula o foco e a produtividade, evitando olhar as mensagens que não param de chegar em seu celular e aquela espiadinha nas redes sociais... Os cinco minutos de pausa ao término de cada 25 minutos de trabalho são essenciais para descansar a mente e voltar para a atividade com mais energia.

31 de outubro

304. FAÇA EXERCÍCIOS REGULARMENTE

Corrida, caminhada, futebol, natação... Opções não faltam para escolher o exercício físico que mais lhe agradar e mantiver seu corpo ativo e sua mente sã. E antes que você argumente que não tem tempo para isso, saiba que, independentemente da idade, bastam apenas **30 minutos diários** para usufruir dos muitos benefícios que os exercícios físicos regulares podem proporcionar.

Sergey Brin, cofundador da Google, por exemplo, para ter sucesso no mundo dos negócios, não abre mão de fazer atividades físicas. O bilionário pratica hóquei em patins, ginástica, mergulho com trampolim, trapézio, entre outras atividades. Tudo para desafiar o seu cérebro a sempre superar os limites.

Conheça alguns benefícios dos exercícios físicos e adote esse hábito para sua vida!

1. Saúde mental

O exercício físico é comprovadamente eficaz na melhora do humor e no alívio dos sintomas de depressão, ansiedade e estresse. Segundo estudos da *National Library of Medice*, isso acontece porque os exercícios produzem alterações nas partes do cérebro que regulam o estresse e a ansiedade. Eles também podem aumentar a sensibilidade do cérebro aos hormônios serotonina e noradrenalina, que aliviam os sentimentos de depressão. Além disso, o exercício físico regular aumenta a produção de endorfinas, conhecidas por ajudar a produzir sentimentos positivos e reduzir a percepção da dor. A prática regular de exercícios físicos ainda é capaz de reduzir os sintomas em pessoas que sofrem de ansiedade.

2. Boa forma

Se seu objetivo é emagrecer com saúde, fazer atividade física é essencial! O exercício físico regular aumenta a taxa metabólica, ajudando seu corpo a queimar mais calorias e perder peso mais rápido. Para completar, estudos da *National Library of Medicine* demonstram que a combinação de exercícios aeróbicos com treinamento de resistência é fundamental para maximizar a perda de gordura e a manutenção da massa muscular.

3. Músculos e ossos fortes

O exercício físico regular desempenha um papel vital na construção e manutenção de músculos e ossos fortes. Atividades como levantamento de peso podem estimular a construção muscular, quando combinadas com a ingestão adequada de proteínas. Isso ocorre porque o exercício ajuda a liberar hormônios que promovem a capacidade dos seus músculos de absorver aminoácidos, ajudando-os a crescer e reduzindo as chances de lesão.

À medida que as pessoas envelhecem, elas tendem a perder massa e função muscular, o que pode levar a lesões e deficiências. Por isso, praticar exercício físico regularmente é primordial para reduzir a perda muscular e manter a força com o passar dos anos.

4. Mais energia!

O exercício físico pode ser um verdadeiro impulsionador da energia para pessoas saudáveis e também para as que sofrem de várias condições médicas. Um estudo da *National Library of Medicine* constatou que seis semanas de exercícios físicos regulares reduziram a sensação de fadiga em pessoas saudáveis que relataram fadiga persistente.

5. Reduz o risco de desenvolver doenças crônicas

Segundo a Organização Mundial da Saúde (OMS), a falta de atividade física regular é a principal causa de doenças crônicas, como diabetes e hipertensão. Já a prática regular de exercícios físicos melhora a sensibilidade à insulina, a aptidão cardiovascular e a composição corporal, ajudando a regular a pressão arterial e os níveis de gordura no sangue.

6. Melhora a saúde da pele

Embora a atividade física intensa e exaustiva possa contribuir para danos oxidativos, o exercício físico regular e moderado se mostrou capaz de aumentar a produção de antioxidantes naturais do corpo, substâncias que ajudam a proteger as células do envelhecimento precoce.

7. Relaxa o corpo e melhora a qualidade do sono

O gasto de energia durante o exercício físico estimula os processos de recuperação durante o sono. Além disso, acredita-se que o aumento de temperatura corporal que ocorre durante o exercício aperfeiçoa a qualidade do sono, ajudando nosso corpo a obter uma melhor regulação térmica enquanto dormimos.

1º de novembro
305. SORRIA!

Você já sorriu hoje? Sorria agora, vamos lá! Acredite, rir fortalece o sistema imunológico, aumenta a energia, diminui a dor, protege contra os efeitos do estresse e muito mais! Por tantos benefícios, esse é um hábito que devemos cultivar em nosso dia a dia. Além disso, quando o bom humor e o riso são compartilhados, eles unem as pessoas, aumentam a intimidade e, claro, contribuem com o estado de felicidade. E a recomendação é para sorrir sem moderação!

O sorriso ajuda a manter o equilíbrio emocional, nos mantém mais relaxados, aumenta a autoestima e o alto-astral. Sorrir rejuvenesce e aumenta a longevidade, pois movimenta a musculatura do rosto, ajudando a manter a elasticidade da pele.

Ha, ha, ha...

Sorrir diminui a intensidade de emoções negativas – como a tristeza – e relaxa o corpo inteiro. Alivia a tensão e o estresse e mantém os músculos relaxados por até 45 minutos.

Pesquisas do Serviço de Psicologia do HCor confirmam: rir é importante para a saúde mental, pois libera serotonina e endorfina, substâncias que trazem a sensação de bem-estar, prazer e alegria, diminuindo o risco de doenças psicossomáticas, como a depressão, a ansiedade e o estresse.

Rir é o melhor remédio!

Dar boas gargalhadas ajuda ainda no bom funcionamento do sistema cardíaco. Quando você sorri, seu fluxo sanguíneo aumenta, auxiliando no controle da pressão arterial e protegendo contra ataques cardíacos e outros problemas cardiovasculares. Um estudo feito pela escola de medicina da Universidade de Baltimore, nos Estados Unidos, comprovou que as risadas faziam com que o fluxo de sangue aumentasse 22%, reduzindo a pressão arterial.

Entre os tantos benefícios para a saúde que o riso pode trazer, estão:
- Redução o estresse;
- Maior queima de calorias;
- Melhora da qualidade do sono;
- Fortalecimento do abdômen;
- Aumento da circulação sanguínea, da respiração e da digestão;

- Fortalecimento do sistema imunológico;
- Estímulo da criatividade;
- Incentivo à criação de laços com outras pessoas.

2 de novembro

306. VÍCIOS: ELES NÃO PODEM DOMINAR VOCÊ

Começa com um pequeno prazer, algo para trazer mais cor para a rotina ou preencher o tempo. De repente, torna-se um hábito, mas a pessoa segue convicta que tem total controle sobre ele. Quando se dá conta, aquele "prazer momentâneo" ocupa o centro de sua vida e já não é mais possível viver sem ele.

Esse é o caminho das dependências, que podem ter como origem uma predisposição genética, surgir em um momento desafiador, para aliviar dores emocionais ou um vazio existencial, ou a partir de um comportamento que é tendência na sociedade ou grupo social.

O risco de desenvolver uma dependência não está apenas em ingerir substâncias que comprovadamente fazem mal à saúde, como álcool e drogas. Se a pessoa não tiver equilíbrio, o que faz bem ou é necessário para a vida também pode levá-la a um caminho de autodestruição, como comida, compras, jogos, Internet e medicamentos, como ansiolíticos e indutores do sono.

Nem sempre é fácil perceber onde acaba o comportamento normal e começa a dependência. Uma forma de tirar essa dúvida é ter o hábito de observar se uma ação incomoda e prejudica a própria pessoa ou quem está ao seu redor, embora o diagnóstico caiba a especialistas. O caminho do equilíbrio e da moderação sempre será o mais saudável para a mente e o corpo.

3 de novembro

307. CHECK-UP MÉDICO REGULARMENTE

Ter um estilo de vida saudável vai muito além de uma boa alimentação e a prática de exercícios físicos. O cuidado com a saúde envolve o hábito de realizar consultas e exames médicos. Por meio do check-up, através de uma série de exames simples, é possível avaliar o estado de saúde do paciente de forma completa.

O check-up atua de forma preventiva, ajudando a detectar possíveis alterações no organismo ou doenças. Lembrando que muitas delas não apresentam qualquer tipo de sintoma e apenas são descobertas por meio da realização de exames periódicos.

O diagnóstico precoce é fundamental para o sucesso do tratamento da maioria das doenças. Por isso, é importante que, mesmo quem não possua doenças diagnosticadas ou histórico familiar, realize o check-up regularmente.

A prevenção é importante em qualquer idade, mas, para quem já passou dos 40 anos, ela é ainda mais essencial. Isso porque, com o avançar dos anos, todo o corpo se transforma: o sistema imunológico fica mais vulnerável, assim como a capacidade de recuperação do corpo, tornando a pessoa mais propensa a desenvolver doenças.

4 de novembro

308. CUIDE DA SUA SAÚDE AUDITIVA

Muito se fala sobre os diversos hábitos de saúde, porém, pouco se ressalta a necessidade de cuidar também da saúde auditiva. São hábitos simples que devem ser diários, tais como:

• Monitorar o volume dos sons

A Sociedade Brasileira de Otologia (SOB) realizou um estudo com 68 jovens em São Paulo, concluindo que apenas 14 deles escutavam música com volume mais baixo do que 85 decibéis (dB), valor que é considerado seguro para os ouvidos. Os valores médios ficaram entre 92 dB e 109 dB, podendo provocar consequências graves e chegando até a perda auditiva precoce.

Sendo assim, não escute música nem televisão em volumes muito altos. Isso pode prejudicar, e muito, a sua audição no futuro.

• Não utilizar fones em ambientes muito barulhentos;

• Usar e abusar dos protetores auriculares, pois eles criam uma barreira acústica que evita o desgaste e a perda auditiva precoce;

• Não usar cotonete para limpar os ouvidos. As hastes podem perfurar os canais auditivos e o tímpano. Além disso, o movimento com o objeto pode deslocar os minúsculos ossículos presentes na cavidade dos ouvidos.

5 de novembro
309. EVITE A AUTOMEDICAÇÃO

Uma pessoa pode até tomar um analgésico ou um anti-inflamatório quando tem uma dor de cabeça ou de garganta, por exemplo, mas a automedicação jamais deve ser um hábito. Existem bons motivos para não tomar remédios sem orientação médica:

- Desenvolvimento de superbactérias;
- Mascarar os reais sintomas;
- Provocar efeitos colaterais;
- Aumentar o risco de hemorragias;
- Danificar o fígado e os rins;
- Causar dependência;
- Prejudicar uma possível gravidez.

Apesar de alguns medicamentos poderem ser facilmente comprados sem receita médica, não devem ser consumidos livremente e em excesso. A dor é um alerta que indica que algo está errado, sendo preciso investigar o que está acontecendo.

6 de novembro
310. NÃO FUME

Todos os anos, 8 milhões de pessoas morrem devido ao tabaco, segundo a Organização Mundial da Saúde (OMS). O uso de tabaco em qualquer forma rouba a vida e causa doenças debilitantes. Além disso, não fumantes expostos ao fumo passivo correm o risco de desenvolver câncer de pulmão e diversas outras doenças respiratórias.

Sem contar que tudo cheira mal! Desde a pele, as roupas, os dedos, o cabelo e todo o ambiente. O tabaco também faz com que os dentes fiquem amarelados e criem uma placa dentária em excesso. Para completar, o mau hálito é consequência certa.

Quem fuma tende a ter mais rugas em volta aos lábios e dos olhos. Os fumantes têm maior probabilidade de sofrer de infertilidade. A fumaça do tabaco também danifica as artérias do coração, causando o acúmulo de placas e o desenvolvimento de coágulos sanguíneos, podendo levar a ataques cardíacos e derrames.

Sim, existem muitos outros motivos altamente prejudiciais para eliminar a hipótese de ter o cigarro em sua vida. Procure descartar esse hábito o quanto antes.

7 de novembro

311. NÃO USE DROGAS

É mais que evidente que usar drogas não deve ser um hábito de sua rotina. Isso porque qualquer tipo de droga acarreta muitos malefícios para o organismo, causando problemas físicos e psicológicos para os seus usuários. O efeito delas no corpo é tão sério que o vício em entorpecentes pode colocar em risco a vida de quem as usa.

Em um primeiro momento, os efeitos parecem ser positivos, pois as drogas trazem sensação de bem-estar, coragem e alegria. Contudo, os efeitos a longo prazo são muito perigosos, principalmente, se elas forem usadas por muito tempo.

Entre os principais efeitos no corpo estão: a redução da capacidade de concentração e raciocínio lento, reflexos lentos, sonolência, falta de sono, perda de apetite, noção de realidade descontrolada, medo, pânico, alucinações, mau funcionamento do coração, pulmões, fígado etc.

Outro grande malefício é que a maioria das drogas causa habituação e dependência, ou seja, o corpo precisa de doses cada vez maiores para conseguir obter os mesmos resultados do início, o que aumenta ainda mais os riscos para a saúde, como o de uma overdose, por exemplo.

Substâncias lícitas x ilícitas

Há diferentes tipos de drogas: as lícitas e ilícitas. As substâncias ilícitas são aquelas que possuem a venda proibida no país, como a maconha, cocaína, heroína, LSD etc. Já as lícitas são aquelas que podem ser comercializadas, como as bebidas alcoólicas e o cigarro, que afetam a saúde tanto quanto as drogas ilícitas.

Em caso de dependência, independentemente do tipo de droga, é importante buscar ajuda e fazer tratamentos para o abandono das substâncias.

Jamais cultive o hábito de consumir drogas, mesmo que seja aquele gole de alguma bebida alcoólica para relaxar após um dia intenso de trabalho. Por vezes, a vida pode apresentar diversos desafios. Contudo, o caminho das drogas – que parece ser uma "libertação momentânea" – jamais deve ser a sua escolha para "solucionar" qualquer impasse.

8 de novembro
312. LEVANTE-SE DA CADEIRA

No dia a dia do escritório ou até mesmo no home office, crie o hábito de tirar um tempo para levantar-se da cadeira. Nós sabemos que é fácil esquecer da vida e passar horas e horas sentado trabalhando, mas, acredite, levantar-se da cadeira fará a diferença para a sua saúde e também no rendimento do seu trabalho. Segundo artigo do *The New York Times* de maio de 2021, passar longos períodos sentado pode desacelerar o fluxo do sangue para o cérebro. A dica é levantar a cada meia hora e dar uma volta de, pelo menos, dois minutos para aumentar o fluxo sanguíneo para a cabeça. Levar o sangue até o cérebro é essencial para as nossas capacidades mentais porque as células precisam do oxigênio e dos nutrientes que o sangue contém. Nosso corpo foi feito para se movimentar! Portanto, ficar muito tempo em uma mesma posição pode prejudicar, e muito, o nosso organismo. Pode perceber, ao ficar muito tempo sentado, com o passar dos dias, você começa a sentir dores nas articulações, dormências etc.

Dicas para sair da cadeira

Faça pausas a cada uma hora sentado para esticar a coluna, as pernas e os braços.

Aproveite as pausas para caminhar por uns três minutos, beber uma água e espairecer. Isso irá ajudar o corpo e a mente.

Alongue-se durante o dia.

De acordo com um estudo científico publicado pelo *European Heart Journal*, ficar de pé em vez de sentado melhora as taxas de açúcar, gordura e colesterol no sangue. O estudo realizado por pesquisadores da Universidade de *Queensland*, na Austrália, tinha como objetivo descobrir se ficar em pé trazia alguma vantagem ao organismo. Foram monitorados os movimentos de mais de 700 voluntários durante sete dias inteiros, por meio de um pequeno aparelho preso à coxa. Dados como peso e pressão sanguínea também foram analisados. Após os sete dias, os pesquisadores correlacionaram quem se mexeu mais com as modificações no funcionamento do corpo.

Quem trocou duas horas sentado por ficar de pé teve:

Quantidade de açúcar no sangue 2% menor;

Quantidade de gordura no sangue 11% menor;

Melhora de 6% nas taxas de colesterol bom no sangue.

A conclusão da pesquisa mostra que a atividade física é importante, portanto, movimentar o corpo durante o dia é uma solução prática e fácil para melhorar a sua saúde.

9 de novembro
313. DE OLHO NA BALANÇA

O controle do peso corporal é essencial para uma vida saudável. Apesar da grande oferta de academias e produtos saudáveis, no Brasil, os índices de sobrepeso são altos. Segundo dados da Vigitel (Vigilância de Doenças Crônicas por Inquérito Telefônico) divulgados em 2019, 55,7% dos brasileiros estão com sobrepeso e 18,9% estão obesos.

Manter o peso controlado previne não só doenças físicas, como também as emocionais. Uma pessoa com descontrole de peso pode desenvolver doenças, como: colesterol, diabetes, problemas cardiovasculares, gordura no fígado, AVC, infarto, estresse e até depressão.

O segredo para evitar isso? Adotar bons hábitos! Ter uma alimentação saudável e uma rotina de exercícios físicos faz toda a diferença para a saúde. Outros hábitos também podem ajudar na manutenção do peso, como:

- Estabelecer horários para as refeições;
- Beber de 2 a 3 litros de água por dia;
- Aumentar a ingestão de frutas, legumes e verduras;
- Evitar embutidos e industrializados;
- Praticar atividade física.

10 de novembro
314. CONTROLE O ESTRESSE

O estresse é um problema que afeta todos nós diariamente. Segundo pesquisa realizada pelo International Stress Management Association, em 2017, o Brasil é o segundo país mais estressado do mundo, seguido apenas do Japão.

Um alto nível de estresse pode afetar a qualidade de vida e causar danos à saúde, desencadeando doenças gástricas, intestinais, cutâneas, respiratórias, cardiovasculares e até psiquiátricas.

É preciso encontrar o equilíbrio para conseguir lidar com o estresse. Algumas atitudes simples podem ajudar a controlar o estresse no dia a dia:

• Descanse e durma bem;

• Pratique exercícios físicos regularmente. Durante o exercício, o corpo libera endorfina, que aumenta a sensação de prazer, ajudando a combater o estresse;

• Tente meditar, ou seja, tirar um tempo para prestar atenção na sua respiração e relaxar.

• Se, ao adotar essas práticas, ainda tiver dificuldades em encontrar esse equilíbrio, não hesite em procurar ajuda médica.

11 de novembro

315. RESPIRE BEM

A respiração é um mecanismo natural do nosso corpo que leva o oxigênio até os pulmões, onde ele será distribuído para todo o sangue. Uma respiração correta traz inúmeros benefícios para a saúde, como a melhora na circulação sanguínea e da memória, além de regenerar as células, acalmar o corpo e a mente e reduzir o estresse.

Nascemos respirando da maneira correta, mas, conforme vamos crescendo, adotamos maus hábitos. Para respirar corretamente, faça como os bebês, use a musculatura do diafragma. Movimente o abdômen, não o tórax, em uma respiração leve e profunda.

Dica:

Experimente parar alguns minutos por dia para exercitar a sua respiração. Inale o ar pelo nariz profundamente, segure por alguns segundos e, na hora de exalar o ar, permita que sua barriga relaxe e deixe a respiração fluir para fora do nariz. Repetir esse exercício por 15 vezes ajudará a reduzir o estresse.

12 de novembro
316. VIDA SEXUAL SAUDÁVEL

Você sabia que a saúde sexual é reconhecida pela Organização Mundial de Saúde (OMS) como um dos pilares da qualidade de vida? Essa saúde não está ligada à frequência, nem ao número de vezes que você se relaciona sexualmente, mas, sim, ao prazer e qualidade da relação.

Uma vida sexual saudável pode trazer inúmeros benefícios para o organismo e a mente:

Protege o sistema cardiovascular: a relação sexual eleva a frequência cardíaca de forma semelhante a uma atividade física moderada. Sua prática aliada aos exercícios físicos contribui para diminuir o risco de infartos e AVC.

Reduz o estresse: os hormônios liberados pelo cérebro durante a relação trazem uma sensação de bem-estar, ajudando a combater o estresse.

Fortalece o sistema imunológico: a prática sexual saudável aumenta em até 30% os níveis de imunoglobulina A no sangue, estimulando o sistema imunológico.

Alerta: cultive também o hábito de usar preservativo em suas relações sexuais para evitar as doenças sexualmente transmissíveis, como a AIDS e Sífilis.

13 de novembro
317. BUSQUE SEMPRE UMA NOVA HABILIDADE

Para manter sempre o cérebro ativo, é necessário ter o hábito de buscar por habilidades que ainda não realiza. Aprender a trocar um instrumento, praticar a oratória em público ou até tentar um novo esporte são ações que o deixam mais produtivo e sempre exercitam a sua mentalidade e o seu corpo. Busque sempre por aprender o novo, ir além do habitual.

Os milionários estão sempre aprendendo a melhorar em algo. Por isso, estão sempre lendo livros, ouvindo áudios, assistindo vídeos de treinamentos, participando de seminários e conferências... Além de beneficiar a sua saúde, este hábito lhe garantirá mais competências em diversos setores da sua vida.

14 de novembro
318. LAVE SEMPRE AS MÃOS

Lavar as mãos é um ato simples, mas uma forma eficaz de prevenir e controlar infecções. Segundo orientações da Agência Nacional de Vigilância Sanitária (Anvisa), lavar as mãos corretamente impede o risco de transmissão cruzada de microrganismos, entre eles, o Coronavírus (Covid-19).

Uma lavagem correta deve durar aproximadamente um minuto e ser feita com água e sabão.

Antes de lavar as mãos, retire anéis, pulseiras e relógio. Abra a torneira e molhe as mãos, depois, aplique o sabonete e ensaboe as mãos friccionando-as por uns 15 segundos. Comece pela palma da mão, depois esfregue o dorso com movimentos circulares, entre os dedos, debaixo das unhas e os polegares. Não se esqueça dos punhos! Enxágue com água corrente e seque com uma toalha limpa ou papel-toalha.

Esse hábito pode salvar vidas! Pratique-o sempre ao longo do dia!

15 de novembro
319. USE FILTRO SOLAR

Faça chuva ou sol, dentro ou fora de casa, o protetor solar é essencial. O seu uso diário evita queimaduras solares após a exposição ao sol e também danos futuros à pele, como câncer de pele, manchas, sinais de envelhecimento e flacidez.

Segundo dados do Instituto Nacional do Câncer (INCA), só em 2018 surgiram 165 mil casos novos de câncer de pele no Brasil, sendo a exposição ao sol o agente causador.

A escolha do filtro deve começar pelo fator de proteção (FPS) que deve ser acima de 30. Além disso, é importante optar por um que seja recomendado para o seu tipo de pele, seja ela oleosa, mista, seca, sensível ou normal. O ideal é que o filtro seja aplicado diariamente e reaplicado a cada 3 horas. Em períodos mais quentes, é indicado reaplicar a cada 2 horas e toda vez que entrar no mar e piscina. Outro fator importante é a proteção com chapéus, bonés e guarda-sol, além de evitar exposição solar entre 10 horas e 16 horas.

16 de novembro

320. DESLIGUE UM POUCO O CELULAR (E OUTROS ELETRÔNICOS)

Não deixe que o celular seja o seu grande companheiro, pois ele pode estar roubando o seu tempo e a sua vida. Ao acordar, faça suas tarefas antes de ligá-lo. Já durante o almoço, o café da manhã e o jantar, deixe-o longe de você! Nesses momentos, opte sempre por saborear os alimentos e a sua companhia.

Não é incomum quando as pessoas estão vivendo um bom momento, pararem de viver aquele instante para registrar uma foto ou vídeo. Vamos combinar que, facilmente, você encontra fotos na Internet de pôr do sol, nascer do sol ou de mar, mas aquele momento que você interrompeu... Ah, este não voltará...

Conte quanto tempo você está usando o aparelho de celular por dia, você vai se espantar! Não seja escravo da tecnologia, mas use-a para viver melhor.

Não é fácil deixar os eletrônicos de lado, mas algumas dicas podem lhe ajudar:

• Desative as notificações do seu celular;
• Defina períodos para ficar distante do celular e fazer outras coisas;
• Evite usar o celular como despertador;
• Foque 100% nas suas tarefas diárias.

Cultivar esse hábito é imprescindível para a saúde mental. Coloque-o em prática o quanto antes em sua vida!

17 de novembro

321. PERCEBA OS SINAIS DO SEU CORPO

Acredite, o seu corpo dá sinais quando tem algo errado, e é importante aprender a ouvi-lo para detectar qualquer problema inicialmente. Uma mancha na pele, manchas na unha... coisas que parecem corriqueiras podem ser sinais de que algo não anda bem. Confira alguns exemplos:

Acne na região do queixo e mandíbula

Nas mulheres, pode ser sinal de desequilíbrio hormonal, já nos homens, pode significar alguma alteração no organismo.

Manchas marrons no pescoço e axila

Podem não ser nada, mas também podem indicar uma pré-diabetes ou diabetes tipo 2. Vale ficar ligado.

Linhas escuras nas unhas

A coloração escura nas unhas em uma faixa longitudinal persistente é um alerta, porque pode ser uma manifestação de melanoma.

Esse hábito não é para fazê-lo entrar em paranoia, mas, sim, para ficar atento a qualquer sinal que seu corpo indique.

18 de novembro

322. FAÇA O AUTOEXAME DAS MAMAS

O autoexame das mamas é uma das principais estratégias para a detecção precoce do câncer de mama. Em grande parte dos casos da doença, o tumor é descoberto pelas próprias mulheres, graças ao autoexame feito em casa pelo toque das mamas.

A indicação é fazê-lo com frequência e, caso durante o período menstrual você perceba alguma alteração, espere o período passar e verifique novamente. Caso persista, procure um médico.

Fazer o autoexame é fácil, indolor e pode ser feito até no banho. Levante o seu braço e apoie-o sobre a cabeça, depois, com a outra mão esticada examine a mama. Faça a mesma coisa dos dois lados. Divida o seio em faixas e analise cada uma delas. Use a polpa dos dedos e sinta a mama. Faça movimentos circulares de cima para baixo e apalpe também as axilas.

Se perceber qualquer anomalia, não hesite em procurar um médico.

19 de novembro

323. VIVA NO PRESENTE

Você se lembra de suas experiências do passado e planeja ou sonha com seu futuro? Mas lembre-se: só é possível viver no presente, somente se vive no agora! Você realiza, planta e colhe agora! É o presente que importa.

Pessoas apegadas ao passado, mesmo quando as lembranças são boas – como saudade de um bom momento – ou até aquela mais negativa vão prender você no passado e levá-lo à tristeza ou, até mesmo, à depressão. Já se você ficar com sua cabeça presa às coisas do futuro, sejam coisas boas ou ruins, vão deixá-lo ansioso. Depressão é o excesso de passado; enquanto a ansiedade é o excesso de futuro!

Então, viva o hoje e aproveite ao máximo o seu dia. Seja feliz hoje!

Sonhar é necessário e traz esperança e positividade às nossas vidas, mas não esqueça que a vida está acontecendo agora. Coloque na sua agenda diária para se lembrar todos os dias do quanto seu tempo de vida é escasso e valioso!

20 de novembro

324. CALCULE O SEU IMC

IMC é a sigla para Índice de Massa Corporal, que é um cálculo que ajuda a avaliar se a pessoa está dentro do peso ideal em relação a sua altura. Ele é importante, pois estar acima ou abaixo do peso pode influenciar diretamente na saúde, aumentando riscos de doenças como desnutrição, infarto, entre outras. Calcular o IMC é fácil: divida o seu peso pela sua altura ao quadrado, pronto, você terá o seu IMC. Para avaliar o seu resultado, consulte as informações abaixo:

Baixo peso muito grave: abaixo de 16;

Baixo peso grave: entre 16 e 16,99;

Baixo peso: entre 17 e 18,49;

Peso normal: entre 18,50 e 24,99;

Sobrepeso: entre 25 e 29,99;

Obesidade grau I: entre 30 e 34,99;

Obesidade grau II: entre 35 e 39,99;

Obesidade grau III: maior que 40.

21 de novembro
325. CUIDE DA HIGIENE BUCAL

Uma boa higiene bucal é uma das medidas mais importantes que você pode adotar para manter seus dentes e gengiva em ordem. Dentes saudáveis não só contribuem para que você tenha uma boa aparência, mas são também importantes para que você possa falar bem e mastigar corretamente os alimentos.

Os cuidados diários preventivos, tais como uma boa escovação e o uso correto do fio dental, ajudam a evitar que os problemas dentários se tornem mais graves. Devemos ter em mente que a prevenção é a maneira mais econômica, menos dolorida e menos preocupante de se cuidar da saúde bucal e que, ao se fazer prevenção, estamos evitando o tratamento de problemas que poderiam se tornar graves.

Existem algumas medidas muito simples que cada um de nós pode tomar para diminuir significativamente o risco do desenvolvimento de cárie, gengivite e outros problemas bucais, tais como os hábitos de:

• Escovar bem os dentes e usar o fio dental diariamente;

• Ingerir alimentos balanceados e evitar comer entre as principais refeições;

• Visitar o dentista regularmente.

22 de novembro
326. CUIDE DA PREPARAÇÃO DOS ALIMENTOS

Quando falamos em saúde, a alimentação é algo fundamental e, dentro desse contexto, o modo de preparação dos alimentos também. Por isso, construa o hábito de preparar os alimentos com pouco óleo e, em sua maioria, à vapor. Assim, evitará a perda de nutrientes dos alimentos. Para completar, evite o sal em excesso, além de outros temperos ricos em sódio.

A cultura japonesa nos traz muito esse ensinamento: pouca fritura e alimentos mais leves. Talvez esteja aí o fato de no Japão viverem as mulheres mais longevas do mundo. Além disso, a taxa de obesidade neste país é bem inferior à taxa dos Estados Unidos, por exemplo.

Além de, em grande maioria, praticarem o hábito saudável na preparação dos alimentos, os japoneses também possuem o hábito de beber chá-verde após as refeições. Segundo eles, auxilia na boa digestão dos alimentos e evita dor de barriga.

23 de novembro
327. EVOLUA O SEU CORPO

Assim como a sua mente, o seu corpo é uma importante ferramenta para você atingir seus objetivos e cumprir o seu propósito. Quanto mais capaz e melhor cuidado, mais ele poderá contribuir para a sua felicidade.

Busque aperfeiçoá-lo e treiná-lo. Desafie-se e evolua! Contudo, lembre-se: assim como a mente, o corpo deve trabalhar em alinhamento com os desejos do seu mestre, ou seja, você! Por exemplo, alguém que, em vez de acordar e levantar para cumprir o seu propósito, fica deitado numa cama ou sofá, procrastinando e, consequentemente, frustrando-se.

Não deixe que as "comodidades" dos dias atuais tornem seu corpo e mente preguiçosos, desperdiçando seu tempo de vida, como assistindo TV ou passando horas e horas no celular.

Lembre-se: tempos difíceis tornam homens fortes, que fazem tempos fáceis, que tornam homens fracos...

24 de novembro
328. PEDALE

Andar de bicicleta nos traz muitos ensinamentos, como o próprio equilíbrio. Quando aprendemos, não esquecemos mais! Sem contar o sentimento de liberdade ao retirar as tradicionais rodinhas da bicicleta durante a infância.

Uma pesquisa recente desenvolvida ao longo de 18 anos pela Universidade de East Anglia, no Reino Unido, afirma que pedalar até o trabalho aumenta a sensação de bem-estar ao longo do dia. Entre os cerca de 18 mil britânicos que participaram do estudo, a maioria parou de dirigir e passou a usar a bicicleta para ter melhor concentração, inclusive aumentando a produtividade no trabalho.

Andar de bicicleta traz inúmeros benefícios à saúde, como menor probabilidade de pressão alta, colesterol mais controlado, menor risco de diabetes, além de mais disposição e controle de peso.

25 de novembro

329. DANCE, DANCE MUITO!

Ao escutar uma música agradável, o corpo naturalmente já começa a se mexer. Os músculos relaxam e a alma entra em um estado de vibração positiva. Sim, ter o hábito de dançar garante diversos benefícios à saúde, entre eles:

- Estimula o cérebro e, consequentemente, a memória;
- Combate a depressão;
- Melhora a postura;
- Tonifica os músculos;
- Favorece o emagrecimento.

Vale lembrar que a dança acompanhou a evolução da humanidade desde os tempos primitivos, sempre expressando e registrando através dos movimentos seus momentos históricos, sendo considerada a primeira manifestação corporal do emocional humano.

26 de novembro

330. TOME BANHO ANTES DE DORMIR

Muito mais do que a limpeza do corpo, o que já contribui para um sono mais agradável, um banho morno (evite banhos quentes), ao contrário do que alguns dizem, não despertará você, mas minimizará a tensão e sentimentos como a ansiedade.

Lembre-se de que 70% do nosso corpo é composto por água e, de alguma forma, esta água do banho nos acalma, purificando muito mais do que somente o nosso corpo.

Agora é a sua vez de colocar seus conhecimentos em prática!
Marque os hábitos que já conquistou e os que almeja alcançar.
Se preferir, trace um plano para conquistar suas próximas metas.

ALIMENTAÇÃO

27 de novembro

331. COMA DEVAGAR

Na correria do dia a dia, é difícil termos um tempo maior para fazermos as refeições com calma, mastigando os alimentos por diversas vezes, sentindo seus sabores e suas texturas.

A digestão começa pela boca. Quando você mastiga corretamente, ajuda a aliviar o estresse do seu sistema digestório. Assim, tente superar 15 mastigadas a cada mordida.

Estudos apontam que somente após 20 minutos da chegada do alimento no estômago, o cérebro começa a reconhecer que a necessidade do corpo está começando a ser saciada.

Saiba desde já que ter o hábito de comer devagar traz diversos benefícios à saúde, entre eles:

• Quanto mais se mastiga e se engole pequenas porções de alimentos, mais estímulo se envia para o intestino se movimentar, diminuindo a tendência para prisão de ventre e melhorando a digestão;
• Emagrece, porque, ao mastigar por muitas vezes, o cérebro libera a sensação de saciedade, indicando que o estômago está satisfeito.
• Saborear intensamente os alimentos ajuda a diminuir o estresse e a relaxar, transformando as refeições em momentos de puro prazer.

Uma boa dica para que esta prática vire rotina é descansar os talheres enquanto se mastiga. Só assim será possível controlar a mecânica de garfadas ininterruptas que são feitas, em grande maioria, quando ainda se está com a boca cheia!

28 de novembro

332. BALANCEIE OS ALIMENTOS

O esforço para alcançar um equilíbrio na alimentação é uma das bases para um corpo saudável. A medicina chinesa, por exemplo, é baseada na filosofia do *yin* e do *yang*, duas forças opostas, mas complementares, que compõem a vida e a energia.

Yin significa "refrescar" e *Yang* traduz "aquecer". Do ponto de vista da medicina chinesa, consumir alimentos refrescantes reduz o calor do organismo, enquanto os que aquecem elevam. O equilíbrio desses dois tipos de alimento é responsável não apenas pelo bom funcionamento dos órgãos, como também pelo psíquico de um indivíduo. Os alimentos considerados *yin* incluem vegetais folhosos escuros como o espinafre, além de pepino, algas marinhas, melancia, chá de hortelã, tofu etc. Já os alimentos *yang* incluem pimentas, frango, carne bovina, chá de canela, gengibre, alho etc.

Independentemente de crenças e tradições, o mais importante é criar o hábito de equilibrar corretamente os alimentos. Os excessos de um determinado alimento e a falta de outros sempre serão prejudiciais à saúde plena do corpo humano.

29 de novembro

333. A FELICIDADE DE COMER MERECE SER COMPARTILHADA

Sentar-se à mesa não é somente sinônimo de se alimentar, e sim uma boa oportunidade para conversar, dar boas risadas e compartilhar histórias inesquecíveis. Talvez esse seja um dos momentos mais memoráveis do dia a dia.

Na Grécia, por exemplo, o hábito de sentar-se à mesa com outras pessoas é muito cultivado. Para se ter ideia, raramente os pratos são individuais. As mesas dos restaurantes são arrumadas com pratos pequenos, tipo os de sobremesa. O objetivo é que os pratos principais sejam servidos ao centro da mesa e que cada um se sirva com a porção desejada. Esse hábito é uma forma de experimentar de tudo um pouco e ficar mais tempo à mesa entre os amigos ou a família.

30 de novembro

334. ALIMENTE-SE ANTES DE FAZER COMPRAS

Você já deve ter percebido que, quando vai às compras com fome, normalmente compra coisas que não precisava ou em quantidades exageradas.

Isso ocorre porque, além da fome influenciar no seu processo de decisão, ela o deixa mais impaciente, induzindo-o a escolhas erradas.

Aliás, fazer qualquer negociação com fome é uma desvantagem, inclusive alguns negociadores costumam marcar reuniões para horários próximos às refeições – eles antecipam sua refeição e esticam o tempo de negociação, deixando o oponente fragilizado pela fome, impaciência e dificuldade de raciocinar.

Sendo assim, alimente-se sempre antes de comprar qualquer coisa ou entrar em uma negociação.

1º de dezembro
335. COMER É UM ACONTECIMENTO

Além de um momento para você saciar uma necessidade, esta é uma hora de agradecimento, prazer e confraternização com familiares ou amigos.

Então, valorize este momento mágico! Pare antes de iniciar a refeição, desligue os aparelhos eletrônicos, como a TV e os incontroláveis celulares, respire fundo e lentamente desfrute dos alimentos e da companhia.

2 de dezembro
336. SABOREIE OS ALIMENTOS

Quantas vezes você já se deparou com uma vontade louca de saborear algo simples e que está relacionado a momentos gostosos? Um arroz e feijão da sua avó, uma carne acebolada que a sua mãe fazia e por aí vai.

Você vai passar a constituir novas lembranças como estas a partir desta mudança em sua vida.

Concentre-se em utilizar todos os sentidos, enquanto se alimenta. Atente-se para as cores e as texturas dos alimentos, além de seu aroma e, por fim, o seu sabor. Isso lhe trará muito mais prazer e aprimorará a sua capacidade em desfrutar ao máximo seus alimentos.

3 de dezembro
337. BEBA ÁGUA

A água representa cerca de 60% do peso total de um ser humano adulto. Além disso, algumas funções vitais do organismo dependem dela para funcionar plenamente. Como perdemos líquido constantemente –

suor, urina e respiração –, precisamos também repor para garantir que tudo funcione bem. É válido dizer que manter o corpo hidratado ajuda a melhorar a digestão, reduzir o inchaço, eliminar as toxinas e equilibrar a temperatura corporal.

A quantidade de água a ser ingerida diariamente varia entre uma série de fatores que vão desde a quantidade de exercício físico realizada até a temperatura do ambiente em que estamos. Contudo, via de regra, os especialistas recomendam, pelo menos, 2 litros de água por dia para uma pessoa adulta.

Vale ressaltar boas dicas para colocar esse hábito em prática:
• Tenha sempre uma garrafa de água com você;
• Não espere sentir sede;
• Beba aos poucos ao longo do dia;
• Coloque lembretes no celular para não esquecer de beber água;
• Saborize a seu gosto, colocando hortelã ou rodelas de limão.

4 de dezembro

338. COMPRE SAUDÁVEL

Este é um outro hábito determinante na qualidade de sua alimentação. Compre sempre coisas saudáveis e evite produtos industrializados, como bolachas recheadas, doces, produtos muito condimentados e ricos em gorduras etc.

Quando você transformar seu estoque de comida em um "armário saudável", você mudará automaticamente seus hábitos alimentares, deixando aquela escapadinha da sua dieta para um momento esporádico, como um passeio no parque ou um restaurante.

Além disso, retirando o hábito da má alimentação do seu dia a dia, os reflexos desta mudança serão rapidamente percebidos em seu corpo.

5 de dezembro

339. NÃO TOME REFRIGERANTES

Não é novidade que o consumo regular de bebidas adoçadas artificialmente, como o refrigerante, faz mal à saúde. E o problema não está somente no açúcar, e sim em todos os componentes de sua fórmula. Ou seja, não adianta trocar a versão comum pela diet/zero ou *light* e achar que está tudo bem.

O hábito de tomar refrigerante pode trazer diversas complicações ao nosso organismo, tais como a hipertensão, o aumento da gordura na circulação sanguínea e, consequentemente, a obesidade. Em vista disso, Gisele Bündchen – modelo brasileira consagrada mundialmente e mãe de Ben e Vivian – não toma refrigerante há mais de 10 anos. A *top model* afirma que se preocupa muito com o que consome, priorizando assim uma alimentação saudável para proteger o seu sistema imunológico.

Para quem ainda tem o hábito de consumir refrigerante, o ideal é reduzir a quantidade ingerida aos poucos. Evite comprar refrigerantes para ter em casa. No início, para melhor se adaptar, opte sempre pelo consumo de água saborizada com frutas e especiarias, pois aliviam a vontade pelo sabor açucarado.

6 de dezembro
340. TROQUE O CAFÉ POR CHÁ

Uma boa dose de café funciona como óleo para nosso motor, quando ainda nos sentimos enferrujados logo pela manhã. Contudo, alguns tipos de chá têm a mesma quantidade de cafeína que o café, mas com um menor efeito depressivo sobre os níveis de energia do corpo em longo prazo. O impulso de energia dado pelo chá dura muito mais tempo.

O que isso significa? Quando bebemos café, recebemos uma grande e rápida dose de cafeína, o que faz com que os níveis de energia caiam na mesma velocidade. Já com o chá, recebemos tanta cafeína quanto com o café, mas, por ser absorvido mais lentamente, a queda de energia no organismo é mais lenta também.

Outro benefício: ao contrário do café, que tende deixar o sistema nervoso em alerta, o chá acalma e relaxa o cérebro. Aí está uma razão pela qual o chá é usado por tantas culturas como um estimulante de união.

7 de dezembro
341. COMA POUCO

Na maior parte da história do homem, houve escassez de recursos. O homem das cavernas tinha que sair, expor-se ao risco para conseguir seu alimento durante a Idade Média, tendo até que lutar por terras produtivas. Atualmente, apesar da produção de alimentos no mundo ser insuficiente para alimentar toda a população da Terra e da grande desigualdade na distribuição desse alimento, existe uma grande e ostensiva oferta de alimento, principalmente industrializado.

Com isso, acabamos comendo "lixo" que não precisamos em quantidades exageradas e, literalmente, entupimos o nosso corpo. É o mesmo que continuar colocando combustível num carro, mesmo este estando com o tanque cheio; o combustível se espalhará e ressecará outras partes com o tempo, expondo-se à perda total causada por um incêndio inesperado, mas óbvio.

Voltando ao exemplo dos carros, a indústria automobilística busca motores e sistemas que trabalhem de forma eficiente com baixo consumo, e este veículo que funcionava com baixo consumo é mais equilibrado e tem maior tempo de vida. Pois é, mas o nosso corpo já é feito para funcionar assim, comendo menos ele será mais eficiente e mais saudável também.

Somos condicionados a comer sempre mais, muito mais, e desenvolvemos remédios para tentar corrigir seus efeitos, como tomar drogas para acelerar o metabolismo (a fim de queimar o que já foi consumido em excesso), cirurgias para retirar o excesso e outras drogas para combater as doenças causadas pelo também excesso alimentar. Pare de se sabotar! Estabeleça uma rotina e adote um cardápio balanceado.

8 de dezembro

342. EVITE AÇÚCARES

Foi-se o tempo em que comer um docinho era apenas um problema para a manutenção da boa forma. Existem diversos outros malefícios que o açúcar pode ocasionar em nosso organismo, tais como problemas cognitivos – como perda da memória e dificuldade de aprendizado –, diabetes tipo 2, instabilidade de humor, consequências ruins para a flora intestinal e comprometimento da saúde bucal.

Para reduzir o consumo de açúcares, evite alimentos com corantes e conservantes, controle o consumo de *fast foods* (se até o molho tem adição de açúcar, imagine as outras opções do cardápio) e sempre busque outras formas de adoçar o seu dia (por exemplo, substitua o suco de caixinha pelo natural e corte as bebidas gaseificadas).

Se realmente não conseguir evitar o açúcar, crie o hábito de optar por aqueles que têm maior índice de nutrientes e são menos calóricos, como os que possuem açúcar mascavo.

9 de dezembro

343. REDUZA O SAL

Nos tempos antigos, o sal era utilizado em transações comerciais importantes. Era bastante comum que os antigos gregos e romanos comprassem seus escravos com sal, por exemplo. Já na alimentação, estima-se que os primeiros registros de sal apareceram nos anos 2000 a.C., na China.

O sal (na química, também conhecido como sódio) faz parte da alimentação desde a Antiguidade, porém seu consumo excessivo pode acarretar em consequências muito ruins ao nosso organismo, como o aumento da pressão arterial em indivíduos predispostos e complicações cardiovasculares e renais.

A Sociedade Brasileira de Cardiologia recomenda o limite de consumo diário de sódio em 2,0 g, porém o hábito alimentar da população brasileira está muito acima disso, principalmente pelo consumo de alimentos industrializados (enlatados, embutidos, defumados etc.).

Para criar o hábito de reduzir o sal, você pode utilizar outros temperos na alimentação, como açafrão, cebolinha, alho, páprica, tomilho e gengibre. Mergulhe no universo das especiarias e descubra sabores como nunca imaginados e muito mais saudáveis!

10 de dezembro

344. UMA MAÇÃ AO DIA

Você já ouviu o provérbio inglês que diz: "Uma maçã por dia mantém você longe do médico"? Essa fama não é à toa. A fruta é rica em vitamina C, sais minerais, como cálcio, fósforo e potássio, além de fibras e quercetina, que é um poderoso antioxidante. O seu consumo diário traz inúmeros benefícios para a saúde, protegendo o organismo de doenças e mantendo a pele bonita.

Confira alguns benefícios da maçã para a saúde:
- Reduz problemas cardiovasculares;
- Melhora a função cerebral;
- Previne diabetes;
- Previne cáries;
- Fortalece o sistema imunológico.

A dica é consumir uma porção diária da fruta *in natura* e com casca. Na hora de escolher, prefira maçãs com cascas de cor acentuada e com polpa firme.

11 de dezembro

345. NÃO COMA FRITURAS

Apesar de saborosas, as frituras trazem malefícios para a saúde e devem ser evitadas ao máximo. Entre os males causados pelo consumo frequente de frituras, estão as doenças cardiovasculares, aumento da pressão arterial, má absorção de nutrientes, entre outros.

Fique atento, pois até os óleos vegetais de boa qualidade se transformam em gordura ruim quando são aquecidos. E todos os óleos, quando reutilizados, são transformados em gordura trans e saturada, conhecida como *gordura trans*, que está relacionada a doenças cardiovasculares.

Para manter a saúde em dia, a dica é reduzir ao máximo o consumo das frituras. Assim, no dia a dia, prefira os grelhados e uma alimentação rica em vegetais.

12 de dezembro

346. NÃO TOME LÍQUIDO DURANTE A REFEIÇÃO

O mais indicado é ingerir líquidos antes ou uma hora após as refeições. Quando você ingere acima de 200 ml de líquido durante uma refeição, o suco gástrico – que é o ácido fabricado pelo estômago – fica mais diluído e menos potente, perdendo a sua capacidade de digerir os alimentos e permitir a entrada de nutrientes no organismo.

Lembre-se de que a sua digestão começa na mastigação, portanto, é mais importante ter uma mastigação lenta, alimentando-se com calma, do que usar um líquido para "empurrar" a comida.

Caso não consiga fugir do líquido durante a refeição, prefira uma pequena quantidade de água. Ao adquirir este hábito em sua vida, você notará a diferença ao sair da mesa, sem sentir aquele incômodo de barriga estufada, ficando assim mais disposto para as próximas ações.

13 de dezembro
347. CONSUMA FIBRAS

As fibras são muito importantes para o bom funcionamento do intestino, evitando incômodos e até mesmo a constipação. Há dois tipos de fibras presentes nos alimentos: as solúveis e insolúveis. As insolúveis são aquelas que não se diluem em água e permanecem intactas durante o trato gastrointestinal. São muito encontradas em grãos inteiros e verduras. Já as solúveis se dissolvem em água, formando um gel, aumentando a viscosidade dos alimentos no estômago e facilitando a digestão. Elas são as responsáveis por impedir a absorção de alguns tipos de gorduras, como o colesterol. Para ter uma dieta rica em fibras, inclua em seu cardápio frutas e vegetais, além de grãos, sementes e cereais integrais.

14 de dezembro
348. TOME UM COPO DE ÁGUA EM JEJUM AO ACORDAR

Sabia que esse simples hábito pode ajudar a eliminar as toxinas do corpo e acelerar o seu metabolismo em até 25%?

A água é o líquido que permite muitas reações químicas vitais no organismo, ajudando a manter as funções corporais em dia. Entre os inúmeros benefícios de beber um copo de água em jejum, estão:

• O aumento da produção de novas células de músculos e do sangue;
• O equilíbrio do sistema linfático do corpo;
• A limpeza do intestino, para que os nutrientes sejam absorvidos mais facilmente;
• A melhora da atenção ao longo dia;
• A melhora da prisão de ventre.

Essa prática de ingestão de água em jejum pela manhã é muito popular no Japão e ganhou o nome de "Terapia da Água". E você, vai desfrutar desses benefícios também?

15 de dezembro
349. ACREDITE! COMA CHOCOLATE, MAS COM SABEDORIA!

Quando consumido em quantidades moderadas, o chocolate, além de saboroso, traz benefícios para a sua saúde. Em sua composição, o chocolate contém cacau, sendo rico em vitaminas, esteróis, alcaloides, polifenóis e antioxidantes.

Entre os seus benefícios, estão:
- A sensação de bem-estar;
- A melhora do fluxo arterial;
- A contribuição para a saúde cerebral, reduzindo danos de AVC;
- A redução do estresse.

Para aproveitar ao máximo os benefícios do chocolate, prefira os que contêm maior concentração de cacau. Os chocolates com concentrações acima de 85% de cacau possuem mais antioxidantes, já os com muito leite e açúcar não oferecem os mesmos benefícios. Cuidado com as quantidades!

16 de dezembro
350. NÃO COMA SE NÃO TIVER FOME

Helen McCarthy, psicóloga, especialista em emagrecimento e autora do livro *How To Retrain Your Appetite* ("Como treinar o seu apetite") defende o fato de apenas se alimentar se estiver sentindo fome.

"Quando você nunca sente fome, seu corpo pode estar digerindo continuamente os alimentos, sem chance de parar e descansar. Compreender e respeitar a fome permite que seu sistema digestivo funcione melhor", explica a autora.

No entanto, você sabe o que é a fome? Segundo a autora, fome é a forma do nosso corpo informar ao cérebro que gastamos a energia obtida da última refeição e que, a partir daquele momento, o organismo começará a usar a energia armazenada. Esse sim seria o momento exato de se alimentar.

Por isso, tenha o hábito de observar se realmente está sentindo fome ou, simplesmente, é vontade de comer.

17 de dezembro
351. CUIDADO COM O CONSUMO DE PROCESSADOS

Os alimentos processados são grandes vilões para a nossa saúde. São os alimentos artificiais, ultraprocessados e industrializados que contam com grandes quantidades de conservantes, corantes, texturantes, entre outros.

Esse tipo de alimento traz uma sobra de energia calórica e pouco valor nutricional para o organismo, provocando inúmeros problemas de saúde, como obesidade, inflamações, diabetes, hipertensão etc.

A dica é evitar ao máximo os industrializados para preservar a boa saúde. Prefira se alimentar de frutas, legumes e verduras, e praticar exercícios físicos regularmente.

Cuidado com aqueles alimentos que parecem saudáveis, mas são processados. Fique atento aos rótulos e lembre-se: quanto mais natural, melhor!

18 de dezembro
352. COMA BEM E SEJA MAIS FELIZ

Você sabia que a sua alimentação interfere diretamente no seu humor? Há diversos estudos que comprovam esse fato. Um estudo publicado na *Revista de Saúde Pública*, da Universidade de São Paulo (USP), em 2017, comparou os costumes de 49.025 brasileiros adultos e seus sentimentos, e concluiu que aqueles que tinham comportamentos menos saudáveis, que envolvia a ingestão de carnes gordurosas, refrigerantes e álcool, apresentaram mais tendência à depressão.

É fato: comidas ricas em gorduras, sódio ou açúcar acabam interferindo no humor. A dica é apostar em alimentos ricos em triptofano, que possui participação na produção de serotonina e dopamina, neurotransmissores ligados ao bem-estar e ricos em vitaminas do complexo B e selênio, um poderoso antioxidante. Entre os aliados do bem-estar estão: ovo; mamão; grão-de-bico; mel; banana; melancia; nozes; espinafre; e salmão.

19 de dezembro

353. NÃO BELISQUE!

Acredite, é muito melhor se alimentar corretamente quando se está com fome do que ficar beliscando alimentos ao longo do dia. O ato de beliscar é traiçoeiro, e você pode acabar consumindo alimentos gordurosos e em grandes quantidades.

Para não cair na tentação de beliscar, perceba a sua fome: você está com fome ou só com vontade de comer algo? Outra dica é fracionar os alimentos. Bateu vontade de comer brigadeiro? Coma um, não precisa comer toda uma panela! É importante também evitar ter estoques de alimentos calóricos e guloseimas em casa. No lugar desses alimentos, busque ter frutas e legumes cortados, além de iogurtes e castanhas, por exemplo. Eles vão saciar a sua fome e farão bem à sua saúde.

20 de dezembro

354. NÃO FAÇA DIETAS DA MODA

As dietas da moda podem parecer vantajosas em um primeiro momento, pois até funcionam e ajudam a perder peso de forma rápida, mas podem trazer riscos à saúde e até um efeito rebote futuramente.

Geralmente, essas dietas da moda se baseiam sempre em um macronutriente, o que as torna desequilibradas. O correto é apostar em uma reeducação alimentar, indicada por um nutricionista, com a proporção de gordura, proteína e carboidrato estabelecida para as suas necessidades.

Não há outro segredo a não ser aprender a se alimentar de forma balanceada e incluir exercícios físicos na rotina. Além de trazer melhora na autoestima, essa rotina equilibrada ajuda na disposição e faz com que você se conheça ainda melhor.

21 de dezembro
355. REDUZA O CONSUMO DE CARNES

As carnes, principalmente as vermelhas, são ricas em proteínas, vitaminas B3, B6 e B12, além de minerais essenciais para o organismo, como ferro, zinco e selênio. Quando consumidas em quantidades moderadas, garantem benefícios para a saúde. Porém, se consumidas diariamente, em excesso, podem aumentar o risco de câncer, doenças cardiovasculares, acidez no sangue e até a probabilidade de infecções intestinais.

O recomendado é dar preferência a carnes com menos gordura e reduzir o consumo entre duas a três vezes por semana. Além disso, prefira consumir a carne grelhada, evitando frituras e molhos.

Evite ao máximo o consumo de carnes processadas, como salsichas e salames, por exemplo, que possuem alto nível de sódio e conservantes.

22 de dezembro
356. TENHA FREQUÊNCIA ALIMENTAR

Com que frequência você consome os variados grupos alimentares, como carnes, frutas, verduras etc? Saber o seu padrão alimentar é essencial para que se crie um cardápio adequado. Afinal, uma alimentação rica em nutrientes e vitaminas é muito importante para o bom funcionamento do organismo.

Existem quatro grupos alimentares que são essenciais na frequência alimentar, como proteínas, gorduras, carboidratos e vitaminas.

A proteína auxilia na função imunológica (defesa do organismo) e também participa da construção e manutenção da massa muscular. São carnes magras, peixes, ovos, leite, iogurte, queijos, entre outros. São indicadas duas porções ao dia.

Já as gorduras boas possuem ação antioxidante, ajudando o corpo a combater inflamações, porém devem ser consumidas com moderação por serem calóricas. Coco, abacate, castanhas e azeite extravirgem são boas opções.

Os carboidratos, por sua vez, fornecem mais energia para o corpo. Contudo, dê preferência para os carboidratos complexos, tais como batata-doce, cenoura e castanhas.

As vitaminas e os minerais são obtidos por meio das frutas, dos legumes e das verduras. O consumo recomendado é de três porções diárias.

Seguindo uma alimentação adequada e com as quantidades ideais de cada grupo alimentar, será fácil manter este hábito para deixar a saúde em dia!

23 de dezembro
357. COMA PEIXES (ÔMEGA 3)

Você sabia que o peixe é rico em ácidos graxos insaturados que podem reduzir o colesterol, assim como gerar outros benefícios à nossa saúde? Os ácidos graxos ômega 3 podem ainda diminuir a pressão sanguínea e reduzir a coagulação, os derrames e o risco de insuficiência cardíaca e batimentos cardíacos irregulares.

Os peixes ricos em ômega 3 são os peixes marinhos de águas frias, como salmão, cavala, arenque, atum e sardinha.

Diante de tantos benefícios, o ideal é o consumo de peixes ricos em ácidos graxos ômega 3, pelo menos, duas vezes por semana.

24 de dezembro
358. CUIDADO COM OS EXCESSOS

O excesso é um hábito que você deve cortar de sua rotina. Isso porque tudo em excesso – até um alimento benéfico à saúde – pode ser ruim, pois não suprirá a carência de outros nutrientes. Sendo assim, o melhor hábito é escolher alimentos variados para garantir uma dieta equilibrada em nutrientes, vitaminas, água e sais minerais.

A atriz, modelo, apresentadora e socialite americana Kourtney Kardashian é adepta da redução do excesso de carboidratos em sua dieta para manter a boa forma. Ela tem o hábito de comer arroz de couve-flor ou arroz de brócolis em substituição ao arroz branco. Mesmo assim, para não pecar pelo excesso de uma dieta altamente regrada, ela adota um dia por semana para comer carboidratos ou doces.

O equilíbrio na alimentação sempre será a chave para obter um organismo mais saudável.

25 de dezembro
359. LEIA OS RÓTULOS DOS ALIMENTOS

Um estilo de vida saudável e equilibrado requer, além de uma boa alimentação e a prática constante de exercícios físicos, a inclusão e a manutenção de bons hábitos. A leitura dos rótulos dos alimentos é um deles, já que o mesmo é uma importante fonte de informação sobre o que estamos consumindo.

No rótulo, são encontradas informações dos ingredientes, da data de validade e da informação nutricional de um determinado alimento. Ler rótulos ajuda a ter consciência e a manter uma alimentação saudável, já que permite fazer boas escolhas, desde o momento da compra no supermercado até na hora do consumo.

Além disso, a ingestão de determinadas substâncias não é indicada para um grupo específico de pessoas, como, por exemplo, os alérgicos. Nesses casos, ter o hábito de ler os rótulos evita a ingestão de algum componente que pode provocar reações negativas.

O sódio é um dos principais conservantes de alimentos e, ao observar os rótulos, perceberá uma grande quantidade de produtos nos mercados que contam com um alto percentual dessa substância. Se consumido por um longo período, o sódio pode gerar danos à saúde, aumentando os riscos de desenvolver doenças crônicas, como a hipertensão.

Criar o hábito de ler os rótulos dos alimentos pode ser uma grande oportunidade para uma vida mais saudável!

26 de dezembro
360. APOSTE NOS INTEGRAIS

Ricos em fibras, os alimentos integrais são uma ótima fonte de nutrientes e possuem ainda mais vitaminas e minerais. Vale ressaltar que os alimentos integrais não passam por nenhum tipo de processo de refinamento ou industrialização.

A alimentação integral – combinada a outros hábitos saudáveis, como o consumo de frutas e verduras e a ingestão de água – é excelente para quem deseja evitar alimentos com muito sódio e ter uma dieta rica em nutrientes.

Uma boa forma de criar o hábito por alimentos integrais é substituir os itens refinados. Por exemplo: o arroz branco pelo arroz integral; farinha de trigo branca por farinha de trigo integral ou farinha de arroz.

Mesmo que a alimentação integral seja mais saudável, não exagere na quantidade. Esse tipo de refeição costuma trazer mais saciedade e, para que as fibras tenham um efeito positivo, o ideal é beber bastante líquido, como água ou até o seu chá preferido.

27 de dezembro
361. FAÇA UM PRATO COLORIDO

Prato colorido, além de saudável, favorece a manutenção da saúde e previne vários tipos de doenças. Certamente você já ouviu dizer: "Quanto mais cor no prato, mais variedade de nutrientes". Essa afirmação é verdadeira. Um prato repleto de cores variadas não serve apenas para deixá-lo mais bonito e atrativo. Quanto mais colorida for a refeição, mais nutrientes importantes para o organismo ela tem.

Uma refeição com alimentos de uma única cor, ou seja, um prato monocromático, faz com que seu organismo absorva um nutriente específico e fique com deficiência de tantos outros nutrientes que são vantajosos para a saúde.

28 de dezembro
362. VAI COMER? DESLIGUE TUDO!

A desculpa da pressa, muitas vezes, é aplicada ao hábito de fazer refeições em frente ao computador e/ou usando o celular. Outras vezes, buscamos a companhia na televisão. Afinal, nada melhor do que saborear uma refeição e ficar por dentro das notícias do dia, certo? Errado!

Quando nos alimentamos e estamos conectados a algum eletrônico, possivelmente comeremos mais do que o necessário e, por consequência, teremos má digestão dos nutrientes. Além disso, dividir a concentração da refeição com outros afazeres pode fazer com que a mastigação não seja a adequada. O aumento de peso será mais do que certo!

O problema triplica se essa situação for na infância! Sabe aquela cena de ver uma criança comendo e assistindo a um vídeo no celular? Esqueça esta "babá eletrônica"! O ideal é seguir uma dieta equilibrada, mastigando muito bem os alimentos e conhecendo os sabores e as texturas de cada um. Não é à toa que o número de crianças obesas no Brasil está cada vez maior.

Lembre-se: o momento de se alimentar deve ser de descanso e relaxamento. Permita-se!

29 de dezembro
363. FACILITE A DIGESTÃO

Mastigar bem, devagar e não falar enquanto se alimenta são etapas fundamentais para facilitar a digestão dos alimentos. Contudo, segundo a técnica Ayurveda – conhecimento médico oriental desenvolvido há cerca de 7 mil anos na Índia –, ter o hábito de deitar-se sobre o lado esquerdo após a refeição tornará a digestão mais rápida e eficaz, além de auxiliar nos problemas de refluxo.

Segundo os conceitos da técnica, a eficácia da postura é explicada pela anatomia e fisiologia do nosso corpo. Ao deitar nessa posição após 15 minutos da refeição, o sistema linfático bloqueia-se, permitindo que os órgãos do sistema digestivo possam produzir e eliminar as enzimas para neutralizar os ácidos e as gorduras, sem que ocorra nenhuma pressão sobre o sistema digestivo.

30 de dezembro
364. CONSUMA OVOS

O ovo é um alimento poderoso para manter o corpo cheio de disposição. Além disso, apresenta diversos benefícios à saúde, tais como:

• Aumenta a massa muscular: isso porque é fonte de proteínas e vitaminas do complexo B;

• Ajuda a memória e a concentração: o aminoácido colina – substância presente na gema – ajuda o cérebro a manter o foco e ativa a memória;

• Auxilia na perda de peso: rico em proteínas, aumenta a sensação de saciedade;

• Combate a anemia: visto que contém ferro, vitamina B12 e ácido fólico;

• Previne o envelhecimento precoce: graças aos seus nutrientes, como selênio, zinco e vitaminas A, D e E – as quais atuam como antioxidantes;

- Ajuda a reduzir o colesterol ruim e aumentar o colesterol bom: graças à lecitina, que atua no metabolismo das gorduras.

Por tantos benefícios, fica fácil entender o porquê do músico Ludwig van Beethoven, todas às quintas-feiras, consumir a sua sopa favorita de pão mole com 10 ovos grandes misturados no prato. Além disso, o músico tinha o hábito de observar os ovos contra a luz (para checar se não estavam estragados) antes de quebrá-los e despejá-los na sopa!

31 de dezembro

365. FAÇA SEU CARDÁPIO

Este é um hábito pouquíssimo difundido, mas extremamente importante. Nossos pais costumavam comer alimentos mais naturais e feitos em casa, então acabavam naturalmente comendo melhor do que comemos atualmente sem a necessidade de um controle mais rígido nas escolhas dos alimentos.

Atualmente, a grande variedade de alimentos que existe no mercado, principalmente industrializados, e a facilidade em adquiri-los, acaba nos levando para uma terrível armadilha, que é comer frequentemente coisas que não são saudáveis.

Acredite, o mais importante é o que precisamos deixar de comer. Para virar esse jogo, é simples: você pode consultar um nutricionista e solicitar um cardápio básico para seguir. Em paralelo, comece escrevendo os alimentos saudáveis que você gosta de comer em cada refeição.

Agora é a sua vez de colocar seus conhecimentos em prática!
Marque os hábitos que já conquistou e os que almeja alcançar.
Se preferir, trace um plano para conquistar suas próximas metas.

**CONFIRA NOSSOS
LANÇAMENTOS AQUI!**

Camelot
EDITORA

CamelotEditora